教育の本質と教師の学び

Essence of Education　　Teachers Learning

高橋 浩・金田健司 ◉ 編著

学文社

はじめに

　本書は，2017〜2018年にかけての学習指導要領の改訂を迎えて，旧著『現代教育本質論』の内容の更なる充実を図るため，新たな執筆陣を加えて，書名を『教育の本質と教師の学び』と改めて出版された。旧著は，2004年の初版以降，2007年および2009年の改訂を経てきたが，今日の教育状況は大きな変貌を遂げつつあり，この状況変化に応えるため新たなコンセプトのもとに出版を志したものである。まず，今日の学校教育の状況を概観して，今回の学習指導要領改訂の意義を明らかにしつつ，本書の課題を述べることにしたい。

　今回の学習指導要領の改訂において特筆すべきは，「社会に開かれた教育課程」をめざすべきと提示していることである。学校ではいまだ「いじめ」「不登校」などの諸問題に直面しており，学校のみでこれらの諸問題を解決することが困難であり，学校と家庭・地域社会とが連携して教育力を高めていくことが認識されているのである。さらに，子どもたちが変化の激しい社会を生きていくために必要な資質・能力を形成していくためには，学校が社会や世界と接点をもちつつ，多様な人々とつながりを保ちながら学ぶことができる開かれた環境が必要であることが示されている。つまりこれからの教育課程には，社会の変化を柔軟に受け止めていく「社会に開かれた教育課程」としての役割が期待されているといえよう。そして，このような教育課程を実現するために「カリキュラム・マネジメント」と「学校評価」の意義が示され，また学びの質の改善のために「主体的・対話的で深い学び」（アクティブ・ラーニング）の実現が提示されているのである。

　このような新たな課題に取り組んでいくために，今日の教師は，同僚と協働しつつ自己の資質・能力の向上を図っていく必要があるが，次のような学校が直面する新たな課題にも教師は応えていくことを求められている。すなわち，ジェンダーや在日および定住外国人などの人権問題，特別支援教育，持続可能な社会実現への教育，「特別の教科 道徳」新設などの課題への対応である。こ

れらはいずれも，学校現場での教師の深い学びを要求しているのである。本書のタイトルに「教師の学び」を提示したのは，この点を示す意図があったからである。

　また同時に本書は，いかなる状況の変化にあっても教育の原理的で本質的な理論的考察を行っていく視点を提供していくことをめざしている。すなわち，教育活動にたずさわっている方々や将来教師をめざす学生の皆さんに，激しく変化する社会における教育の課題を分析し，文部行政一つひとつの施策の意味を吟味する力を身につけ，またマスコミや世論のなかに流布する問題の表層をなぞるような議論に惑わされることなく，本質を見据える力を養えるような視座を提供することを意図している。

　これらの課題の必要性を認識し，教員養成に情熱を傾ける教育学研究者の共同作業によって本書は結実したものである。

　「教育の本質と目的」の章においては，教育の必要性とその本質についての考察と，日本と西洋における教育目的の変遷および学校教育制度の歴史的展開についての省察から，教育実践の根拠と視座が明示されている。

　「学校教育の内容と方法」の章においては，教育課程・学習指導・生徒指導などの教育実践にかかわる基礎理論が解説されるとともに，新学習指導要領や「主体的・対話的で深い学び」，さらに人権教育・特別支援教育など，学校現場における今日的な課題について論じられている。

　「学校の教師」の章においては，「教師の専門性」「教師の学び」「教師の『専門家共同体』」「学校改革と教師」などの主題の検討を通して，今日求められる教師像を探究している。

　「教育政策と学校教育法制」の章においては，戦後から今日にいたる教育政策と学校にかかわる法制の歴史的展開が詳細に論じられている。また，今日の「学校安全」と「道徳の教科化」の問題について，公教育行政の観点から検討されている。

　そして，巻末の「日本教育史年表」と「西洋教育史年表」は，本論の理解に必要な主要項目に絞って掲載されており，教育の歴史的展開の理解の手助けに

なるであろう。

　本書は，主に教職をめざす学生と学校現場で活躍されている先生方を対象としたテキストではあるが，さらに，今日の学校教育のあり方に関心をもたれている父母・市民の皆さんの教育についての省察にお役に立つことができれば幸いである。

　2019年4月

高橋　浩

目　次

はじめに

第1章　教育の本質と目的 …………………………………………………… 1
　第1節　教育の本質　*1*
　第2節　教育の目的　*10*
　第3節　学校の誕生　*35*

第2章　学校教育の内容と方法 ……………………………………………… 47
　第1節　教育課程　*47*
　第2節　学習指導　*72*
　第3節　教科外活動と生徒指導　*90*
　第4節　今日的な教育課題　*105*

第3章　学校の教師 ……………………………………………………………… 123
　第1節　学校の教師について学ぶということ　*123*
　第2節　教師の専門性　*124*
　第3節　教師の学び　*129*
　第4節　教師の「専門家共同体」　*134*
　第5節　学校改革と教師　*141*
　第6節　希望の教師，教師の希望　*144*

第4章　教育政策と公教育制度 ……………………………………………… 147
　第1節　旧教育基本法の制定　*147*
　第2節　旧教育基本法の改正　*151*
　第3節　改正教育基本法の特徴　*157*
　第4節　現行公教育法制の要部　*160*
　第5節　現代公教育政策の課題　*168*

巻末資料 ………………………………………………………………………… 175
　教育史年表（日本・西洋）　*175*
　教育関連法令等　*182*

おわりに──刊行にあたって──

第1章

教育の本質と目的

金田　健司

第1節　教育の本質

1　教育とは何かを考える前に

　教育とは何か，ということについては，古来，さまざまに論じられてきている。教育が人間にとって，切っても切れないものである以上，教育の歴史—あるいは学習の歴史—は人間の歴史とともに古く，また，教育の実態は人間の数だけあるといえよう。したがって，教育とは何か，何をもって教育とするかという問いに対する答えもまた，人間の数だけある。では，なぜ，われわれは教育に対してそれぞれが固有の観方や見識をもつに至るのであろうか。それは，とりもなおさず教育という概念が，愛や正義や自由といった抽象的概念の一つだからである。これが，椅子や机や鉛筆といった具象的概念なら，説明は簡単である。国語辞典を引くまでもなく，容易に説明できよう。しかし，高度に抽象的な概念である教育に関しては，その概念を簡単に把捉することはできない。実際，教育という概念について10冊の国語辞典を紐解けば，10通りの説明がなされていることであろう。しかし，だからといって，教育とは何かという問いに対する答えを"なんでもあり"にしておくわけにはいかない。大切なことは，教育について論じる際，われわれは自らが依拠し，立ち返る論拠を常に明確にもっておかなければならない，ということである。つまり浅薄な実践論に惑わされることなく，先達たちが何をもって教育の本質としたのかをとらえていく必要がある。そうでなければ，教育についてのいかなる議論も，所詮は縄暖簾（なわのれん）の内側で繰り広げられる感情的な教育談義の域を出まい。皆さんが教育の専門家を志す以上，縄暖簾の内側で繰り広げられる感情的な教育談義で事を済ませるわけにはいかないのである。本節では，フランスの啓蒙思想家であ

る**ルソー**（Rousseau, J. J.）と，ドイツ観念論哲学の祖である**カント**（Kant, I.）の言明を主たる手がかりとして，教育の本質を考えていくこととする。

(1) ルソーとカント

ルソーの名前は，すでに知っているのではなかろうか。

高等学校の「歴史」「倫理」「現代社会」などで学んだ『**人間不平等起源論**』(1755年) や『**社会契約論**』(1762年) を著した啓蒙思想家である。だが，ルソーはただ社会思想史のうえにのみ，その足跡を残しているわけではない。ルソーが『社会契約論』と同年に著した教育小説『**エミール**』は，「子どもの福音書」と呼ばれ，現在にまで多大な影響を及ぼしている。皆さんは幼いころ，幼稚園や保育所で，「むすんでひらいて」という歌を歌わなかったであろうか。これを作曲したのもルソーである。「**自然に還れ**」とは，ルソーの思想を集約した言葉だが，彼の教育観もまた，この言葉に帰着する。ルソーは人間が「自然人」であるべきことを説き，純粋な人間としての教育を標榜し，子どもの成長を純粋な自然の発達に任せるべきであるとする。人間の発達過程は自然法則的なものであり，人間の発達は子ども自身の内面的・自然的な原因を待たなければならない。では，教育は子どもに対して何をなしえるのか。教育にできることは，実に，子どもの発達の障害になると思われるものを可能なかぎり取り除いてやることだけなのである。これが，ルソーのいう「教育」の意味なのである。したがって，このような自然主義的な発達観を前にしてわれわれのできることはといえば，子どもの自己発達の助成だけである。大人社会の規範的な価値などを吹き込もうものなら，子どもの自己発達を阻害することになるのである。子どもに与える影響が少なければ少ないほど，「好い」教育なのである。積極的な教育が考えられるとするなら，それは助成すべきなんらかの事態が子どもに発生し，子ども自身が助成されることを求めるときに，はじめてなされうるのである。このことは『エミール』の冒頭に，端的に述べられている。ルソーは次のようにいう。

創造主の手からでるとき，事物はなんでもよくできているのであるが，人間

の手にわたると，なんでもダメになってしまう⁽¹⁾。

　ルソーにとって肝要なのは，実に，子どもの発達を「人間の手」に委ねることなく，自̇然̇に任せることであり，教育は発達の助成機能としてのみ存在価値をもつのである（消̇極̇的̇教̇育̇）。

　だが，たとえ子どものなかに優れた素質や可能性が潜んでいるとしても，いまだ萌芽にすぎない無定形な素質を，手放しにしておくわけにはいかない。無定形な素質は無定形であるがゆえに，たしかに一方では望ましい方向に発達していく可能性を蔵しているとしても，しかし他方，望ましくない方向へ伸びていく危険性をもはらんでいる。子どもの発達を「人間の手」に委ねず，自然に生ずる発達に任せることの危険性や不可能性については，これまで繰り返し示されてきている。たとえば，その信憑性についてはすでに疑問が呈されているが1799 年にパリ郊外の**アヴェロンの森**で**発見された野生児**の例や，信憑性という点ではさらに弱いものの，1920 年にインドのゴダムリで発見され，のちに**アマラとカマラ**と名づけられた二人の少女についても同様の記録が，一応は残されている。

　これらの話は，「人間の手」すなわち社会環境から引き離され自然のままの発達に委ねられた子どもは，たとえ生物的な意味での成長はしても，人間にはなりえないということを如実に証明している。生まれたままの人間に，可能性とともに危険性が並存しているのは否めない事実である。

　以上に述べてきた，子どもの発達を「人間の手」から遠ざけようとする自然主義的な発達観や，教育を発達の助成機能と観る教育観と対照的なのが，カントである。カントの名前も，おそらく高等学校の「世界史」や「倫理」などの科目ででてきたのではないだろうか。カントは，いわゆる三批判書を著し，批判哲学を大成した哲学者であり，彼ののち，**フィヒテ**（Fichte, J. G.），**シェリング**（Schelling, F. W.），**ヘーゲル**（Hegel, G. W. F.）と続く，ドイツ観念論哲学の祖といわれている。しかし，彼の名前は，教育学を学ぶうえでも避けてはとおれない。カントは，1776〜87 年まで，断続的に母校・ケーニヒスベルク大学で教育学を講じている。これは，当時，ケーニヒスベルク大学では哲学部の教授が

交代で教育学を担当することになっていたためであるが，この慣例は1790年に教育学の専任（ヴァルト）が着任したことによってなくなった。また，1803年に『**教育学講義**（Über Pädagogik）』として公にされたものは，実をいえば，カント自身が直接著したものではなく，カントの同僚であり弟子でもあった**リンク**（Rink, T）を中心に，カントが逝去する前年に，彼の講義録がまとめ直されたものである。

　ところで，『教育学講義』のなかで，カントは次のような言明を残している。
　人間は，教育されなければならない唯一の被造物である。
　人間は教育によって，はじめて人間となることができる。
　人間は，人間によってのみ教育される[2]。
　ルソーが，子どもを創造主の手から出たときの状態に保つべきことを主張しているのとは逆に，カントは人間を，創造主によって創られた「教育されなければならない」，しかも「人間によってのみ教育される」存在としてとらえる。彼も指摘しているように，たしかに人間は，母親から生まれ落ちただけでは，生物的には「人間」であっても，精神的な意味においては人間とはいえないであろう。カントのこれらの言明からわかることは，教育は「人間によって」意図的かつ意識的に「（な）されなければならない」必然性をもっているということである。つまり，教育は，自然のままの発達を助成または規制することによって，人間を望ましい方向に導かなければならないのである。ルソーもカントも同じ啓蒙主義の思想家でありながら，そしてまた，カントは『エミール』に感激し，日課の散歩を忘れるくらい読み耽っていたにもかかわらず，両者の教育観には大きな相違があることがわかろう。

(2) 教育とは何か

　われわれは，この辺でいよいよ教育という概念について，一応の答えを模索しなければなるまい。教育を"なんでもあり"にしておくわけにはいかないからである。ただし，「一応の」と述べたのは，皆さんが将来教育現場に出たときに，皆さんなりの教育観を確立してもらいたいからである。

われわれがいつも見聞きしている教育＝education という言葉は，そもそも何を意味するものなのであろうか。ここでは，教育の本質を考える一助として education の語源についてみておきたい。英語の education やフランス語の l'éducation は，その語源をラテン語の educatio にもつといわれているが，educatio を構成している educo には，もともと「引き出す」「引き上げる」という意味がある。これと同様のことは，ドイツ語にもあてはまる。ドイツ語で教育を意味する Erziehung は，動詞 erziehen が名詞化したもので，接頭語の er は内側から外側へという意味をもち，ziehen はやはり「引く」という意味をもっている。教育を意味するこれらのヨーロッパ語からはっきりわかることは英語・フランス語（education, l'éducation）にしても，ドイツ語（Erziehung）にしても，教育という言葉は，**子どもの内側にあるものを外側に向けて引き出す**，という意味をもっているということである。

　その信憑性の有無と多少についてはともかくとして，上述のアヴェロンの森の野生児やアマラやカマラの記録，カントの言明，また education や Erziehung の語源から，われわれは教育を次のように定義することができるであろう。

　教育とは子どもの内側に潜んでいる善い資質のみを見いだし，引き出し，それをその子どもに固有の特質にまで伸長・拡大していく意図的・意識的な行為である。

　詳しくいえば，教育は次のような特性をもつ。

① 教育は，人間の自然の発達を助成し，また規制する（発達の助成もしくは規制としての教育）。

② 教育は，子どものなかに潜んでいるよい資質のみを，意図的・意識的に外側へ引き出す「行為」である（内側から外側へ）。

③ 教育は，子どものなかに潜んでいるよい資質のみを意図的・意識的に引き出すと同時に，容易に表に出てしまう悪しき資質が表に出てこないように，やはり意図的・意識的に規制しなければならない。つまり，子どもの内側に潜んでいるものならば何でも引き出してよいわけではなく，子ども

のなかにはよい資質とともに，引き出されてはならない悪しき資質も少なからず潜在しているのである。教育が，発達の助成であるのと同時に規制であるのはこのためである。
④　教育は意図的・意識的な「行為」であり，それゆえ方法論をもつ（これは学校教育に代表される制度的な教育に最も明確に現れている）。

❷ 教育と社会化

　教育がなければ，人間は人間になることができない。教育は，人間が人間であるための条件であるといってもよいであろう。しかし，人間は，本当に「教育によってのみ」人間となるのであろうか。意図的・意識的な教育を受けなければ，人間はただ野生化するのを待つしかないのだろうか。皆さんは，生まれてから今日に至るまで，ただ「教育によってのみ」，つまり意図的・意識的な指導によってのみ成長してきたのであろうか。たとえば，皆さんは家にあがるときに玄関で靴を脱ぐということを，いつ，どこで，どのようにして覚え，習慣化してきたのであろうか。ご飯を食べるとき，ご飯茶碗に盛られていたら箸を使い，カレーライスならスプーンを使い，寿司やおにぎりなら手づかみで食べてもかまわないということを，いつ，どこで，どのようにして覚え，習慣化してきたのであろうか。決して，幼稚園や小学校のカリキュラムのなかで意図的・意識的に身につけてきたわけではあるまい。意図的・意識的に教えられたわけでもないのに，われわれは生まれたときから知らず知らずのうちに，日常生活を通じ，社会の規範や生活様式を身につけている。言語の習得などは，この好い例である。つまり，われわれは，社会秩序や社会規範を無意図的・無意識的に習慣化しているわけである。それなら，社会秩序や社会規範の無意図的・無意識的な習慣化と教育は，何がどのように異なるのであろうか，また，無意図的・無意識的な習慣化は，教育とどのような関係をもっているのだろうか。

(1) 社会化とは何か

　アリストテレス (Aristotelēs) は『政治学』において，人間を次のように規定している。「**人間とは，本来，ポリス的（共同体的）な存在である**」。いかなる家庭においてであれ，またいかなる国家においてであれ，人間は規範や生活様式などの秩序をもった社会に生まれる。人間は誰しも，すでに存在している秩序のなかに生まれてくる。無所属の「個人」などというものはありえないのである。そして，人間は，意識せぬまま，社会から多大な影響を受け，社会に適応しながら発達していく。言い換えるなら，人間は社会生活をいとなむ過程で，その社会のなかで生きていくのに必要な規範や生活様式を無意識のうちに身につけていく。他者からの意図的・意識的な指示を受けなくとも，あるいは指示を与える側が目の前の相手を人間的に望ましく導こうとする意図をもっていなくとも，社会生活から受けるさまざまな影響が，無意図的に，それぞれの社会に適合した人間をつくりあげていく。ここには，子どもを自然法則的な発達に委ねよと主張するルソーの発達観とは異なる，社会的な発達観がある。このような，**特定の社会および集団の生活様式や規範への同調性を，日常生活を通じて無意図的・無意識的に獲得していく過程を社会化という**（または，これを形成，無意図的教育，潜在カリキュラム，機能的教育，informal education という場合もある）。信憑性の問題は依然として残るものの，アヴェロンの森の野生児やアマラとカマラは，確かに教育を受けることなく成長した。だが，彼らが野生化したのは，意図的な教育を受けなかったからだけではない。むしろ彼らが野生化したのは，生まれたときから社会的な環境から引き離され，社会的な環境のなかで日常生活をいとなむことができず，その結果，社会的な発達が促されなかったことによるのである。このことは**デフォー** (Defoe, D.) のロビンソン・クルーソーの物語を思い出してもらえれば容易に理解できよう。これらの事例は，人間の発達が社会的な環境のなかではじめて可能になることを，そしてまた，社会的な環境から引き離された状態では，生物的な意味では人間になることができても，社会的・文化的な意味では人間になることができないことを教えている。

　ここで注意しなければならないのは，社会化が当該社会の生活様式や規範を

獲得していくものである以上，その内容は地域社会，国家，民族，宗教などによって異なるものであり，人類に共通する普遍的な社会化はありえないということである。たとえば，家にあがるときに靴を脱ぐのは，われわれが日本という社会で生まれ育ち，日本社会の生活様式や規範を無意識的に身につけたからにほかならないのである。もし，われわれが，欧米に生まれ育ち，欧米社会の生活様式や規範を身につけていたなら，われわれは靴を脱がずに家にあがっていたはずなのである。

(2) 社会化の限界と教育の必要性

人間の発達をルソーのいうような，自然法則的な発達だけで語ることはできない。だが，社会的な発達を促すうえで，社会化がいかに重要であろうとも，社会化だけで人間の発達を語ることもまた，できないのである。その理由は主に二つある。一つは，社会化は，子どもが生活様式や規範といった子どもの外側にあるものを無意識的に内側へ獲得していく〈作用〉にほかならず，一人ひとりの子どもに内在する好ましい資質をいかにして意図的・意識的に見いだし，引き出し，拡大していくかという〈行為〉ではない点である。つまり「人間のもっている豊かな可能性……そういうものを引き出し拡大することこそ教育の仕事だ」と考える[3]，斎藤喜博(きはく)のような視点がないのである。二つ目は，子どもが，社会からの影響を無意識のうちに内面化させながら発達していくのは確かだとしても，社会からの影響が，常に好ましいものであるという保証はなにもない，という点にある。むしろ，社会が子どもを堕落させることもおおいにありうる話である。たとえば，わが国の「児童憲章」(昭和26年5月5日制定)には，次のような文言がある。「児童は，よい環境のなかで育てられる」「すべての児童は，よい遊び場と文化財を用意され，わるい環境からまもられる」。これらの文言は，子どもをとりまく環境＝社会が無条件に望ましいものであるとはいいきれず，子どもを悪しき方向に導く危険性も備えていることを前提に書かれている，とみてよいであろう。つまり，社会からの影響が子どもを堕落させる危険性は，なんら排除されてはおらず，社会から好ましい影響を受ける

も悪しき影響を受けるも，それはただ偶然に任せるほかはないのである。

　たしかに，人間は社会のなかに生まれ育つ。人間は，社会を離れては存在し得ないし，少なくとも「ポリス的存在」ではなくなる。好むと好まざるとにかかわらず，子どもは社会からのさまざまな影響を受けて発達していくのであり社会からさまざまな影響を受けることによって，野生化を免れることができるのである。しかし，ここにおいて，子どもの社会的な発達を吟味・検討し，好ましいものは助成し，好ましからざるものは規制していく意図的・意識的で計画的な〈行為〉が必要になってくる。すなわち，社会化を土台としつつも，これを助成し，また，必要とあらばこれを規制していく意図的・意識的で計画的な〈行為〉こそ，教育に他ならないのである。それゆえ，教育は，なにも学校の独占物ではなく，家庭や地域社会においても行われなければならないものである。だが，この教育という〈行為〉が最も明瞭な方法と形式をもって展開されるのはやはり学校であり，子どもの社会的は発達の実態を見極め，それを助成もしくは規制していく学校と教師の役割は実に大きく，その責任はきわめて重いといわなければならない。

(3) 教育と社会化の相補性

　人間は，社会化によってのみ人間になるのでもない。教育と社会化は相補的な関係にある。教育と社会化は，言葉としては区別することができるが，人間の成長を考えるうえで両者は表裏一体であり，不可分である。子どもが社会生活を通じて社会化されることは疑いえない。しかし，環境＝社会は，子どもを好ましい方向に導きもすれば，悪しき方向にも導く。だからこそ，教育は不可欠なのであって，教育による助成もしくは規制を通じて，社会化は初めて意味を与えられるのである。逆にいえば，教育は，助成もしくは規制すべき社会化という前提があってこそ意味をもつ。換言するなら，教育は，社会化によってポリス的存在への第一歩を踏み出した子どもを助成もしくは規制することによって，初めてその意味と役割を与えられるのである。

　したがって，人間にとって教育と社会化は人生の時期的な区分とは関係なく

一生涯にわたり，常に並行して現れる。学校に入学したからといって，子どもが家庭や地域社会からの無意図的な〈作用〉を受けなくなるわけではない。学校教育の始まりは，社会化の不要や終わりを意味するものではない。また逆に学校に入学する前の子どもに教育が不要なわけではなく，また学校を卒業するのと同時に教育が不要になるわけでもない。社会化は一生涯にわたって続く。これまでの経験知や経験則では対応できない状況が目の前に生じたとき，ほかの地域社会や国に暮らしはじめたとき，社会化はたとえ何歳になっていようとも繰り返し生起する。社会化は終わらない。だがしかし，人間が社会化されつづけるかぎり，同時に，教育も，人間を助成ないし規制しつづけなければならないのである。

第2節 教育の目的

■1 さまざまな教育観

　前節では，教育を子どものなかにあるよい資質のみを見いだし，引き出し，拡大していく意図的な〈行為〉であることを，社会化という〈作用〉とのかかわりを通じて考えた。しかし，教育の内実は，それが「なんのために」行われるのかによって，さまざまに変化する。学校教育一つをとってみても，教育は，①日々の実践を行う教師，②教育を受ける側＝子ども，③子どもを保護・養育する側＝保護者，④学校をかかえている地域社会，⑤教育行政をつかさどる地方自治体や国家によって，さまざまなことが要求され，その結果，教育の目的もさまざまなものとなる。ましてや，時代，政治・経済体制，宗教，民族性や国民性を含む文化的価値の全般が異なれば，教育の実態も当然異なり，教育の目的は，まさに千差万別のものとなる。人類に普遍的に妥当する社会化などというものがありえない以上，教育の目的もまた千差万別となるのは，当然の理（ことわり）といえよう。社会化と教育は，常に相補的な関係にあるのである。ここでは，教育の目的を後述（1）〜（3）のように，大きく三つに分けて分類し，考えていくこととする。

(1) 社会への同化機能としての「教育」

　社会化が，当該社会の生活様式や規範を社会生活・日常生活のなかで無意識的に身につけていく過程を意味したのに対し，**特定の社会や集団の規範ならびに生活様式を，社会もしくは国家が，政策的＝政治的な意図をもって，個人に組み入れていく過程を同化といい**，これをもって教育とする観方がある。人間が社会のなかに生まれ育ち，そこから多くの影響を受け，のちにそれらの影響を継承・変革していく存在である以上，教育が国家・社会からなんらかの規制や要請を受けるのは避けられないことである。ただし，教育の目的は，国家や社会をどのようなものとしてとらえ，そのなかに教育をどのように位置づけるのかによって違ってくる。とくに，①国家・社会が存亡の危機に直面している場合，②個人の運命が，国家・社会の運命に左右されやすいか，または国家・社会の運命とともにしている場合，③国家・社会が，それまでとはまったく異なる価値にもとづいて再編ないし再出発することを余儀なくされている場合がそうである。たとえば，古代ギリシアにおいて文治国家アテネと覇を争っていた軍事国家スパルタの「教育」（「スパルタ教育」という言葉は，ここからきている）などがあげられよう。

　19世紀末葉に生まれ，のちにナチ・ドイツの主要な御用教育学者の一人となった**クリーク**（Krieck, E.）は，まだナチスが政権につく以前の1930年に，『教育哲学』のなかで，教育を次のように定義している。

　教育の意味は……成長に影響を及ぼし，それを形成し，生活共同体の後継者を成熟した大人の成員のなかに組み入れることである[(4)]。

　クリークの教育学説に一貫していること，それは社会化や同化の必然性を繰り返し述べていることである。彼は，社会化という人間が社会生活を営むなかで当該社会の秩序を無意識的・無意図的に獲得していく過程に教育の本質を観る。だが，彼は社会化だけでは満足できなかったのである。彼は，学校教育という意図的・計画的な指導や教授も，その究極的な目的を「後継世代」すなわち子どもたちを生活共同体のなかに「組み入れること」であるとする。意図的・意識的な「組み入れ」とは，もはや国家・社会による政策的な同化にほか

ならず，教育の目的は社会化を通じても，また政策的同化によっても，ともかく子どもたちを国家・社会に同化させることにつきる。クリークにあって，生活共同体の意味は必ずしも明確ではない。しかし，ともかくクリークにおいては生活共同体＝国家＝民族に至上の価値がおかれていた。だから「教育の意味は……組み入れること」なのである。クリークが生きていた19世紀末葉から第二次世界大戦直後までの時代，ドイツは政治的・経済的混乱と無秩序を極めていた（ドイツ帝国の崩壊，政治的・経済的基盤のきわめて脆弱なヴァイマール共和国の成立と崩壊，極右政党の台頭，ナチス独裁政権の成立と瓦解，連合国軍による占領と統治……）。国家は成立と崩壊を繰り返し，そのたびごとに新たな価値にもとづいて再編と再出発を余儀なくされた。国民の運命も，当然のごとく国家の運命に左右され，翻弄された。このような時代の変遷のなか，クリークが教育の絶対的な主体を民族やその伝統的な価値，そしてそれを連綿と受け継いでいる共同体に求め，客体としての個人を主体である生活共同体に同化させようとしたのは，ある意味で当然の成り行きであったといってよいであろう。

　さてしかし，同化は，なにも個人の価値を矮小化し，個人を国家や社会に隷属させるためだけに行われるものではない。たとえば，アメリカやオーストラリアのような多民族国家では，英語を母語としない国民が少なからずいる。だが，国家はさまざまな政治的決定事項，生活様式，規範をそのような国民にも知悉させる必要がある。そのため，小学校などの学校教育の一環として行われるか，あるいはたとえばコミュニティー・カレッジのような組織のなかで行われるか，方法はさまざまであるが，多民族国家の多くは，彼らに共通語の習得を政策として義務づけている。いうまでもなく，共通語の習得は，母語の使用禁止や彼らの生活様式や規範を強制的に排除することを目的としているのではないし，そのようなものであってはならない。そうではなく，同化の目的は，いま生活している国家・社会のなかで生きていくために必要不可欠な生活手段を獲得させることにあるのだ。

　このように，同化は，なにをその目的とするのかによって，個人の価値を矮小化させ，個人を国家という全体に隷属させることにもつながるし，逆に，個

人が当該社会で生きていくために必要な知識や技能を獲得させ，個人をよりよい社会生活へ導くことにも寄与しうるのである。

(2) 文化の伝達機能としての「教育」

　人間は，社会から多大な影響を単に受容するだけではなく，その影響をもとにしてさまざまな文化を創り上げていく。すべての民族や国家に認められる生活様式，習慣，規範そのものが，すでに文化を具現したものであるといってよいであろう。「文化の伝達」といえば，大袈裟に聞こえるかもしれないが，たとえば生まれたばかりの赤ん坊が，なんでもない日々の生活のなかで言語や文字を覚え，それを使えるようになること，さらにすすんで物事の良し悪しを判断できるようになったり，複雑な事柄を合理的に処理したり，長じては芸術や宗教といった精神的・抽象的なものに感動をおぼえ，それらを内面化していくこと……。これらすべてが文化の伝達なのである。人間をほかの動物から区別する指標の一つは，間違いなく，文化を伝達しうるか否かにある。教育を同化であるとしたクリークは，同化の過程に文化の伝達を観る。

**　教育（Bildung）とは，共同体のなかに相続遺産として現存している文化財を成員の……なかに植えつけることを通じて，個々人，わけても後継世代を共同体全体……のなかへと組み入れることであり，個人はこの文化財の植えつけによって，その成熟に達するのである**[5]**。**

　文化財とは，なにも歴史的建造物などの形あるものだけをさすのではない。むしろ，それは，人間の精神的なはたらきによってもたらされた，芸術や学問などの，文化的価値を有するもの全体をさす。

　文化の伝達は，社会化を抜きにしては確かに考えられない。子どもを「文化化」することにほかならない文化の伝達は，家庭や地域社会における無意識的な社会化をもって始まる。家庭や地域社会は，いうならば「文化化」の源泉であるといってよいであろう。しかし，文化の多くを担っているのは，現実には子どもではなく大人である。ほとんどすべての文化は大人によって生みだされ，大人によって維持・発展させられる。したがって，現存する文化と生まれ

てくる子どもとの間には，すでに少なからぬ落差がある。そして，この落差は，社会とそこに内在する文化内容が，時間とともに発展し，高度化すればするほど大きくなる。ここにおいて，文化の伝達を無意識的・無意図的な社会化に委ねることは限界に達し，文化を意図的・計画的な教育（主として学校教育）によって伝達することが不可避となる。つまり，現存する文化内容を，子どもに対して，学校という場で，教師という専門職によって，意図的，意識的，計画的に教授・伝達する必要がでてくる。実に，学校という文化の伝達機関は，このような必要性によって現れてきたのである。だが，無意識的な社会化によってであれ，意図的，意識的，計画的な学校教育においてであれ，重要なのは，文化をただ〈伝達〉することだけであろうか。子どもの側からいうなら，文化をただ〈受容〉し，〈継承〉することだけであろうか。「文化の伝達」が，ただ伝達と継承のみを意味するにすぎないなら，文化に発展はなく，われわれは現状を保守することしかできないし，また現状を保守することしか望めない。そこにあるのは〈継承〉に名を借りた停滞だけである。しかし，伝達と継承に加え重要なのは，子どもが，継承した文化を手がかり・足掛かりにして，彼ら自らの手で新しい文化を〈創造〉していくことである。20世紀初頭，ドイツにおいて**シュプランガー**（Spranger, E.）や**リット**（Litt, Th.）を中心に展開された**文化教育学**は，文化という精神科学的な意味で「客観的」な現象形態を子どもたちに内面化させ，彼らにそれまでの文化を継承させたうえで，新たな文化の〈創造〉に向かわせることを，そしてそれをさらに次の世代に伝達させていくことを，教育の目的としてとらえていた。シュプランガーは，このような一連の〈継承→創造→伝達〉という過程を「文化の繁殖（Kulturfortpflanzung）[6]」と呼んだ。クリークが，文化の伝達を，ただ子どもへの「植えつけ」=〈伝達〉に求め，それを教育の最終的な目標としていたのに対し，シュプランガーは，子どもが彼ら自身の手によって彼ら自らの新しい文化を〈創造〉していくことを教育の目的と観ていたといってよいであろう。

(3) 子どもから〈vom Kinde aus〉の「教育」

　教育に，社会への同化や文化の伝達といった機能があることは否定できないにしても，しかし，それらにはあるものが決定的に欠けている。すなわち，子どもの資質や主体性がである。また，それらを彼らの内面に見いだし，引き出していくという視点がである。うえにみてきたように，社会への同化は，子どもを主体としてはとらえず，あくまでも同化されるべき客体としてとらえているし，文化の伝達にしても，それが〈伝達〉にとどまるかぎり，子どもを主体として観てはいないといえるであろう。社会への同化も文化の伝達も，それらはともに，子どもの外側にある規範や生活様式や文化全般を子どもに内面化させていく〈外側から内側へ〉のはたらきであり，子どもの内側に潜んでいるよい資質のみを見いだし，引き出し，拡大していくという〈内側から外側へ〉の，つまり〈子どもから〉の「教育」ではない。それらの目的とするところは，あくまでも子どもを社会へ「組み入れる」ことであり，文化を子どもに「植えつける」ことである。「社会への同化」や「文化の伝達」と〈子どもから〉の「教育」とでは，子どもに内在する資質や可能性を問題にするか否か，それらを子どもの外側へ意図的，意識的，計画的に導いていくか否かの点で，考え方を異にしている。

　近代教育学の原点は，「子どもの発見」にあるといわれる。「子どもの発見」──それは，人生のはじめにある固有で貴重な時間を「子ども期」として，特別な時間としてとらえようとする考え方の誕生であった。とくに，ヨーロッパにおいては，近代に至るまで，子どもは大人の単なるミニチュアとして，大人の労働に供されるべき存在としてとらえられていた。つまり，一人ひとりの子どもの成長・発達はほとんど問題にされず，子どもから大人への変化は，ただ直線的にとらえられていたわけである。このような子ども観にあって，教育が子どものために，〈子どもから〉なされるはずもなく，教育はあくまでも社会への同化や文化の伝達のために，つまり国家や社会のために，それらの都合に合わせて考えられていた。

　このようななか，子どもの内面に焦点を当て，子どもの資質，可能性，個別

性を強調し，教育を国家や社会の都合からではなく，〈子どもから〉考えたのが，本章第1節においてみた，フランスの啓蒙思想家で自然主義者のルソーであった。ルソーから大きな影響を受けた人物といえば，先にもみたドイツ観念論哲学の祖であるカント，**「人類の教師」と呼ばれるペスタロッチ**（Pestalozzi, J. H.），**汎愛学舎を設立したバゼドウ**（Basedow, J.），**世界で初めての幼稚園を創ったフレーベル**（Fröbel, F. W. A.），**バゼドウによって汎愛学舎へ招聘されたザルツマン**（Salzman, C. G.）や**トラップ**（Trapp, E. Ch.），**カンペ**（Campe, J. H.）など，枚挙にいとまがない。しかし，ルソーの影響を受けているのは，なにも18〜19世紀にかけての人物ばかりではなく，およそ一世紀後の「新教育」と呼ばれる教育運動にも多大な影響を及ぼしている。たとえば，19世紀後半から20世紀初頭までを生きたスウェーデンの思想家で，文明史家の**ケイ**（Key, E.）もその一人であり，〈子どもから〉という標語は，実は彼女の思想からでているのである。生命への信仰を土台とし，子どもの生命が自由に発展できるように助けることが教育の使命であるとするケイの考えは，現実の学校教育が，単なる知識の詰め込みとなっていることを強く批判する。ケイはその書『児童の世紀』(1900年) のなかで次のようにいう。

教育の最大の秘訣は，まさに教育せざることの中にある[7]。

　一見不可解に思えるこの言明を理解するためには，ケイがこの時代の学校教育をどのように認識していたのかを考える必要がある。本章第3節でもみるように，18世紀後半に現れた公教育制度は，必ずしも子どもたちのために始まったわけではなかった。18世紀イギリスに始まる産業革命がヨーロッパ各地に波及していくなか，近代統一国家は富国強兵を急ぐべく，国民の知的水準を向上させ，確保する必要に迫られてきた。それまでは特権階級によって知識が独占されていたため，一般庶民の子弟には関係のなかった教育だが，いまや産業革命をさらに急速に推し進めるためには，国民の知的水準の確保が急務となっていた。知識を有する優秀な労働力が必要不可欠となってきたわけである。ところで，一つの事柄を一斉に詰め込むために，学校ほど便利なものはなく，学校教育は，近代統一国家の政策的手段として登場してきたのである。ケイのこ

の言明には，教育という言葉が2回でてきているが，はじめのものとあとのものとでは，その意味するところが異なる。はじめの教育は，ルソーが主張した自然人の教育であり，子どものなかにある「自然＝善なるもの」を見いだし，引き出す，本質的な意味での教育を表している。しかし，もう一方の「教育」は，学校の登場以来，子どもの本性を抑圧しつづけている大量生産的な知識の詰め込みを意味する。要するに，ケイのこの言明は，子どものなかにある資質（自然＝善なるもの）を見いだし，それを引き出そうとするなら，子どもの本性を無視した知識の詰め込みを行っている学校教育は，おおいに顧みられるべきであると主張しているわけである。実際，子どもは，大人が彼らの都合によって合理主義的，功利主義的，実用主義的につくりあげたにすぎない学校という名の牢獄で，身動きがとれない状態におかれている。ケイは，ルソー以来の個人主義的・自然主義的な教育観や子ども観を継承しつつも，それをさらに徹底したといえよう。20世紀に入ると，ケイの主張は学校廃止論にまでたどりつくことになる。

　新教育は，ケイの児童中心主義が集約された〈子どもから〉という標語のもと，ヨーロッパ全域へ，アメリカへ，そして日本にまで影響を及ぼしている。ケイの代表的著作『児童の世紀』は，19世紀最後の年である1900（明治33）年にでているが，早くも1906（明治39）年には**大村仁太郎**によって紹介され，1916（大正5）年には**原田實**によって**翻訳**がなされたため，わが国の**大正新教育**（大正自由教育）にも大きな影響を与えている。18～19世紀は，政治と経済によって主導された，いわば「学校の世紀」であった。しかし，きたる20世紀こそ，教育が子どもの視点に立って，子どものためにおこなわれる「児童の世紀」になって欲しい……ケイにはこのような願いがあったのではなかろうか。はたして21世紀に入った今日，教育は児童のためにおこなわれているであろうか。ケイの投げかけた問いは，現在もなお重い。

❷ ヨーロッパにおける教育目的の変遷

　以上，教育の目的を三つに分けて考えてきたが，ここでは教育目的が，歴史

的な流れとともにどのように移り変わってきているのかを示しておきたい。

■**16世紀まで**　たとえ，中世がキリスト教的世界観によって彩られていたとはいえ，それが暗黒時代であったという見方は正当ではない。中世にはスコラ哲学を中心に，神学・哲学上の優れた成果が認められるし，またグレゴリオ聖歌や宗教画などの特筆すべき芸術遺産が遺されている。しかし，ルネサンスのヒューマニストと呼ばれる人々は，人間をキリスト教的世界観にもとづいてとらえることに抗し，宗教的世界観に制約されない生身の人間を考察した。彼らは「今」を尊重しようとする思いから，古代ギリシアやローマの文芸に思いをはせ，それを復興・再生させることに努力した。われわれが見聞きしているフランス語のルネサンス（renaissance）は，「再び」あるいは「戻る」という意味をもつ接頭語の re と，「誕生」を意味する naissance からなる言葉であり，もともとの意味は"再度の誕生"とでもなろうか。つまり，ルネサンスとは，古代ギリシアやローマの人々が追求・熱願した人間中心の文化を再び誕生させようという運動であった。それゆえ，ルネサンス期の人々は，宗教的世界観に拘束されない自由人としての，自由人に相応しい教養（徳と知）を身につけることを志した。その後，16世紀初頭に**ルター**（Luther, M.）によって口火を切られた宗教改革は，ローマ・カトリック教会に対する単なるプロテスト以上の意味をもつ。ルターの主張は信仰義認論，万人司祭論，聖書第一主義に集約されるが，教育に最も重要な影響を与えたのは聖書第一主義である。それまで，聖書をはじめとする宗教関係の書物は，一般に，ほとんどがラテン語で書かれており，それらは高位聖職者や王侯貴族など，教育を受けた特権階級の者にしか読まれることもなく，ミサなどの祭式もラテン語でなされていた。これに対し，聖書第一主義を唱えるルターは，新約聖書をドイツ語に翻訳し，一般民衆にもドイツ語で聖書を読めるようにした。聖書がドイツ語に翻訳されるや，教会の日頃の主張がいかに聖書の教えとかけ離れているかが，白日の下にさらされた。また，聖書のドイツ語への訳出によって，それまでの方言（高・低ドイツ語）は統一され，印刷技

術の進展と相俟って，多くの者が文字に接することができるようになった。ルターの教育目的が，神の子としての人間形成にあったことは論を待たないが，同時に彼は，神によって与えられた職業（天職：Beruf）を身につけさせることも重視し，公立学校における義務教育の無償制を強く主張している。

■ **17世紀** この時代を特徴づける思想は，**理性主義**である。自然科学においては機械論的な自然観や，対象を合理的に認識しようとする哲学が，この時代を象徴している。それゆえ，教育思想においても基本的な原理とされたのは，思索を自然の秩序や歩みに合わせることであり，自然主義的な教育がドイツの**ラトケ**（Ratke, W.）やチェコの**コメニウス**（Comenius, J. A.）によって提唱されることとなった（なお，チェコ語ではコメニウスではなくコメンスキーと発音されるが，教育学の世界では，それをラテン語読みしたコメニウスという呼び方が一般的である）。「近代教授学」の父と呼ばれるコメニウスは，主著の『**大教授学**』（1657年）において，教授法の刷新と体系的な教育制度を提起した。この書の正式な題名は『あらゆる人にあらゆる事柄を教授する普遍的な技法を提示する大教授学』であり，コメニウスの意図は，①万人が学ぶ普通教育制度の確立，②そこで教授されるべき教育内容の設定，③その方法の提示にあった。また，宗教改革者でもあったコメニウスは，プロテスタントの立場から，教育目的として，子どもに「博愛・道徳・敬虔」の心を身につけさせ，神から与えられた使命をまっとうさせることを求めた。また，『大教授学』の翌年にでた『**世界図絵**』(1658年)は，世界で初めての絵入り教科書であり，子どもの発達段階にしたがって事物や事象を視覚的に訴え，子どもが実感をもって認識できることをねらったものである。小さな子どもには机や椅子などの身の回りにあるものを，また青少年段階にある者には神や愛といった抽象的なものを教えている。

■ **18世紀** 18世紀の思想を一言でいうなら，**啓蒙主義**である。啓蒙主義とは，つまるところ，**理性絶対の立場にたち，権威や思想，制度や習慣などを**

合理的に批判し，民衆を無知から解放しようとする思想である。したがって，この時代は，政治的には自由主義が，また学問的には実学主義が現れ，教育に対する期待も高まっていった。自然すなわち合理主義的なるものに合わせた教育が，ルソー，バゼドウ・ザルツマンをはじめとする汎愛派や，イギリス経験論哲学の**ロック**（Locke, J.）によって展開された。また，ルソーの影響を強く受けたペスタロッチは，孤児の保護と養育を進める過程で，教育を社会改革の基本的手段と考え，民衆の不幸の原因を断ち，彼らの自立と彼らの人間としての全面的な発達を図ることに教育の目的を求めた。ペスタロッチのもとで学んだフレーベルは，すべてのものに神が存在していると考える「万有在神論」の立場から教育を考えた。フレーベルは教育の目的を，人間に自らの神性を自覚させ，そのうえで神との合一に至るよう導いている。「すべての子どもに神存す」と説くフレーベルは，子どもに内在する神性を歪めることなく発展させるために，恩物を用いた遊戯による自己活動を通じた教育を追求した。なお，前にもふれたが，フレーベルは，**1840年に，世界ではじめての幼稚園を設立している**。また，とかく思弁的になりがちな教育学を，科学として確立させることを追究した**近代教育学の父・ヘルバルト**も，ペスタロッチのもとで学んでいる。教育学を科学として体系化するにあたり，ヘルバルトは『**一般教育学**』(1806年) において，**教育学の目的論を倫理学に，その方法論を心理学に求め，教育の目的を美的・道徳的判断力の陶冶にみた**。

■ **19〜20世紀にかけて**　19世紀後半以降における近代資本主義の発達による経済競争の激化と帝国主義の進展は，もはや個人主義的な教育学を要求せず，その代わりに国家主義的・民族主義的な教育を要求するに至った。つまり，個人の教育ではなく，**国民の育成**が求められるようになったわけである。**コント**（Comte, A.）の**実証主義**を受け継ぎ，「**社会学の父**」と呼ばれたフランスの哲学者でもあり社会学者でもあった**デュルケーム**（Durkheim, E.）や，先にみたクリークは，社会に内在する教育的機能に着目した。デュルケームや

クリークは，従来の教育学が実践的課題にこたえるための技術学（Technologie）でしかない点を批判的に追究し，共同体に内在する教育的機能を本質的な教育現実としてとらえ，教育を社会的な現象としてとらえる教育科学（Erziehungswissenschaft／science de l'éducation）の確立をめざした。しかし，クリークは，人間が共同体のなかで一生涯にわたって社会化ないし同化されていく事実を追究していく過程で，共同体の実態を民族に，民族の意志を実現するよりどころを国家に求め，さらには民族や国家を教育の主体としてとらえることにより，結果的にはナチズムに呑み込まれることになってしまった。

　だが，この時代にルソーやペスタロッチの教育思想が継承されていなかったわけではない。先ほどみたエレン・ケイや，イタリアの教育実践家である**モンテッソーリ**（Montessori, M.）に認められる**児童中心主義**の思想と実践，**リーツ**（Lietz, H.）の**田園教育舎**（ドイツ）や**レディ**（Reddie, C.）の**アボッツ・ホルム学校**（イギリス）にみられる教育実践，アメリカの**パーカー**（Parker, S. C.）や**デューイ**（Dewey, J.）などによる**進歩主義教育**の理論と実践——これらはいずれも子どもの資質や自発性を尊重し，自由な表現活動や作業活動を尊重する新教育運動の重要な展開として位置づけられる。

3 わが国における教育目的の変遷——明治から占領下教育改革期まで

　ヨーロッパにおける教育目的の変遷を概観したところで，今度は，わが国における教育目的がどのような変遷をとげているのかをみておきたい。ここではわが国における教育目的の変遷を「明治初期」「明治中期・後期」「大正期」「大東亜戦争終結まで」「占領下教育改革期」に分け，ごく簡単に整理・概観しておくこととする。なお，明治から現在に至るまでの学校教育体系については本章第3節にて扱うため，ここでは教育目的をめぐる動きに限定してみておくこととする。

■**明治初期**　明治4（1871）年に文部省が創設されたのに続いて，**明治5（1872）年には近代的な学校制度を規定した，わが国で最初の教育関係法令である「学制」が発布された**。明治維新によって近代国家への道を歩みはじめたわが国は，欧米先進列強諸国に伍していくべく，富国強兵の実現を急務としたが，そのためには近代学校制度を確立し，きたるべき時代に対応できる国民教育が不可欠であった。「学制」は，このような国家的課題を背負って制定されたのである。しかし，「学制」とともに重要なのは，これに先立って太政官から布告された「学事奨励ニ関スル被仰出書」（通称「被仰出書」）である。これは，学問を「身を立てるための財本」と規定し，封建時代以来の陋習である身分制度と男女の差別を否定したうえで，「一般の人民必ず邑に不学の戸なく，家に不学の人なからしめんこと」を期した布告であった。「被仰出書」ならびに「学制」は，**慶應義塾の創立者で，幕末から明治にかけての中心的啓蒙思想家であった福澤諭吉の実学の思想を基盤としており**，個人の立身出世，治産昌業のための学問が重視され，あくまでも**功利主義的**な教育目的が示されていた。身分制度と男女の差別を否定し，普通教育の必要性について言及されている点において，これらはたいへん開明的な文書であったといってよい。だが，フランスの教育制度を模した「学制」は，地方の実情にそぐわぬ面をもっており，至るところに軋みを生じさせた。その結果，「学制」は廃止を余儀なくされ，**明治12（1879）年には**，これにかわる，アメリカの学校制度の影響を受けた「**教育令**」が公布された。だが，思想的には，この「教育令」も福澤諭吉の実学の思想を色濃く残している。「教育令」は，地域住民の主体的で自由な学習を奨励し，学校に通わずとも普通教育を行う方法が保証されていれば修学とみなしたほど寛大であり，私立学校の設立を届出制とし，私立学校をもって公立学校に代用させるほど，さらには授業料の徴収までも学校に任せるほど自由な性格をもっており，そのため**自由教育令**とも呼ばれている。しかし，「教育令」＝「自由教育令」に表れている開明的な精神は，「被仰出書」や「学制」と同様に，わが国の後進性ゆえ西洋文明の表面的な受容の域をでず，それまでの儒教的教育観を排しての西洋

的・自由主義的な教育への傾斜は，かえってわが国古来の文化や民族性を刺激する結果となった。たしかに，学校制度は文明開化の社会的な風潮も手伝って徐々に浸透していったが，その一方で，西洋の模倣はわが国の伝統的な価値をないがしろにしている，という批判も強まっていった。たとえば，同12年，明治天皇の侍講・元田永孚（もとだながざね）は天皇の親諭を受け，仁義忠孝の涵養を知識才芸の育成に優先させる「**教学聖旨**」を起草し，公布された。「教学聖旨」は，伝統的・儒教的な教育観にもとづき，明治維新以後の西洋的教育観を徹底的に批判する内容になっている。「教学聖旨」が伊藤博文内務卿や寺島宗則文部卿といった開明的な指導者に示されたのは，実は，「教育令」公布の直前であった。つまり，伝統的・儒教的な教育観に彩られた「教学聖旨」の公布は，西洋的・自由主義的な「教育令」の公布以前に，すでに決定事項となっていたのである。伊藤博文内務卿は，すぐさま「**教育議**」という意見書を天皇に上奏し，明治維新後の急激な社会変動ゆえの一次的な混乱をもって政府の教育方針を否定するのはきわめて不当であり，「教学聖旨」のような，いわば「国教」をつくって教育の基盤とする措置を強く非難した。これに対し，元田は天皇の内示を受けてただちに「**教育議附議**」を上奏し，伊藤に反論。「教学聖旨」にもとづく教育方針を明確に打ち出し，「国教」を確立すべきことを力説した。伝統的・儒教的な教育方針への転換がこのように強く進められるなかで公布された「教育令」の命脈は，わずか1年で絶え，翌明治13（1880）年には，一転して，教育に対する官僚統制的で干渉的な性格をもつ「**改正教育令**」が公布され，5年後の明治18（1885）年に再改正されるまで，教育行政に大きな影響を及ぼしつづけた。「改正教育令」は，「学制」以来の，知識と技術を重んじる実学主義・主知主義を批判するとともに，仁義忠孝を主軸とする儒教倫理を教育の柱とすべきであると主張した。「改正教育令」においては，早くも修身が小学校の筆頭教科として位置づけられており，これを機に，教育目的を国家主義的にとらえようとする傾向が強まった。帝国憲法制定や国会開設などに備え，**明治18（1885）年12月，太政官制度が廃止され，内閣制度が確立された。内閣総理大臣**となった**伊藤博**

文は，**初代文部大臣**に，薩摩藩出身で，反動的儒教主義的教育に対しては反論も辞さぬほどの合理主義的精神をもった**森有礼**を指名した。森は，文部大臣着任の翌**明治19（1886）年**3月に「**帝国大学令**」を，また4月には「**小学校令**」「**中学校令**」「**師範学校令**」をだした。学校種別のこの諸学校令は，森がプロイセンの教育制度をモデルに構想したものであり，「学制」以来さまざまに紆余曲折してきた学校体系を整えただけではなく，その後さまざまな体系に発展していく学校制度の基盤を確立したといえる。

■**明治中期・後期**　明治10年ころまでは，近代国家を樹立すべく，啓蒙の必要が一貫して説かれていた。ここでいう「啓蒙」とは，欧米先進諸列強の文明・文化の無批判な受容であり，「被仰出書」や「学制」にもみられるとおり，教育の目的は「一身の独立」による「一国の独立」であった。だが，明治10（1877）年に起きた旧幕府勢力と新政府軍との最後の戦いであった**西南戦争**における新政府軍の勝利を境に，教育の目的も，「一国の独立」を超えた**富国強兵**の実現へ変わっていった。国を富ませ，軍隊を強固なものにしていくため，近代的・合理的な知識や技術の習得は是認しつつも，教育の最大の目的は，君臣一体・仁義忠孝の精神に立脚した家族国家的な考え方によって国民を形成していくことにおかれた。伝統的・儒教的精神の涵養は，明治12年の「教学聖旨」によって方向づけられてはいたものの，翌13年の「改正教育令」によって，方向づけはさらに明確なものとなった。そして，この方向づけは**明治23（1890）年**に「**教育ニ関スル勅語**」（通称「**教育勅語**」）が渙発されたことによって終着点を迎える。「教育勅語」によって，国民道徳・国民教育に関する明治天皇の理念が示されたのである。**日清戦争**（明治27～28年），**日露戦争**（明治37～38年）を完遂する過程で，政府は国民に君臣一体感を要求したが，「教育勅語」は国民が一体感をもって時局にあたるうえでの精神的な支柱として機能した。とくに，時代が明治から大正，大正から昭和へと移り変わるなかで，「教育勅語」は明治天皇から下賜された"聖旨"として，特別な権威をもつようになっていったのである（法的権限は有してい

ない）。また，とくに昭和に入ると，「教育勅語」は〈臣民〉が絶対に服従すべき規範となり，これに疑問をもつこと，これを批判することは許されなくなった。「教育勅語」がカリキュラムの編成原理になったことはいうまでもなく，学校内外のさまざまな式典においては必ず奉読が行われ，その保管は学校にとって，最重要義務となった。

■**大正期**　日清戦争ならびに日露戦争は軍需景気を招来し，わが国の資本主義経済を発展させ，国内経済を豊かなものにした。しかし，経済の発展は，一面においては労働者階級を形成し，社会主義運動を台頭させた。このようななか，**吉野作造**を中心とする「**大正デモクラシー**」と呼ばれる民主主義運動が展開された。だが，帝国憲法のもと，あからさまに「民主主義」という言葉は使えず，吉野作造自身も，デモクラシーを「民本主義」と呼んでいた。大正デモクラシー運動は，政治だけではなく，文学や芸術，そして教育にも大きな影響を与え，各分野の革新運動として展開された。教育の分野におけるこの運動はヨーロッパにおいて展開されていた新教育運動が大正期（とくに全盛期は大正5～6年）に広まったため，「**大正新教育**」あるいは「**大正自由教育**」と呼ばれる。ヨーロッパにおける新教育運動は，たしかに明治30年代からわが国にも紹介されてはいたが，大正デモクラシー運動に促されるかたちで，改めて紹介され，注目を集めていた。これまでの伝統的，儒教的，国家主義的な教育に代わり，大正新教育では児童中心主義的・生活中心主義的な教育実践が行われ，創造的・独創的な人間の育成が教育の目的とされた。この時代には，大正新教育の理想を追求する少なからぬ学校が創設されたが，わけても**澤柳政太郎**の**成城小学校**，成城小学校で長年にわたり主事（教頭）を務めあげた**小原國芳**が創設した**玉川学園**，**赤井米吉**の**明星学園**，**羽仁もと子**の**自由学園**，**西村伊作**の**文化学院**などはとくに有名であり，時代の流れや学校制度の変遷などに伴ってさまざまにかたちを変えてきてはいるものの，いまだに存続している。また，大正新教育に影響を与えた実践理論としては，**樋口長市**の**自学教育論**，**河野清丸**の**自動教育論**，**手塚岸衛**の**自由教**

育論，稲毛金七の創造教育論，千葉命吉の一切衝動皆満足論，及川平治の分断式動的教育論，小原國芳の全人教育論，片上伸の文芸教育論などがとくに有名であり，これら八つの教育改革論を「八大教育主張」という。これは大正 10 (1921) 年 8 月 1 日から 8 日間にわたって東京高等師範学校附属小学校（現・筑波大学附属小学校）で行われた教育学術研究大会で，うえにあげた 8 名の実践家によって主張された実践理論であるため，このように呼ばれる。また，先にみたモンテッソーリのもとで研究・実践した**パーカースト** (Parkhurst, H.) の**ドルトン・プラン**が赤井米吉らによってこのころ紹介され，大正後期には各地で試みられた。さらに，このころには，**鈴木三重吉**が主宰する児童向け雑誌『**赤い鳥**』の文芸運動，**芦田恵之助**による国語教育の改革運動もみられるが，これらもまた大正新教育運動の一環ととらえてよいであろう。しかし，これらにみられる児童中心主義・生活中心主義的な改革運動や教育実践は，大正 6 (1917) 年に開かれた内閣総理大臣直属の（通常，政府の会議は担当各省の大臣に直属している）「**臨時教育会議**」を境に下火になり，昭和に入ると国家主義的な思想との妥協を余儀なくされた。わが国の教育史に一時代を築いた大正新教育だが，昭和 10 年前後には衰退していくこととなる。

■**大東亜戦争終結まで**　「太平洋戦争」といういい方は，戦勝国であるアメリカ側によって使われはじめたいい方であり，わが国においては，戦時以来，「**大東亜戦争**」といういい方がなされていた経緯があり，またこの箇所が明治以来の日本教育史にかかわる項目であるため，ここでは「大東亜戦争」という表記をしていく。

　アメリカのウォール街の株価大暴落に端を発した経済恐慌は，大正末期から昭和初期にかけて，わが国でも慢性化し，国民生活は窮乏の一途をたどった。社会不安のもと頻発した労働争議は，階級対立を激化させた。社会主義・共産主義の思想や民主主義運動の広まりを恐れた政府は，大正 14 (1925) 年，「**治安維持法**」を勅命によって発布し（病床の大正天皇に代わり，摂政を務め

られていた皇太子が勅許をだされた），労働運動や民主化運動にかかわる思想の弾圧を強化していった。そのようななか，昭和6（1931）年には**満州事変および柳条湖（柳条溝）事件**，昭和7（1932）年には**上海事変や5・15事件**，昭和8（1933）年には**国際連盟からの脱退**（なお，この年，ドイツでは**ヒトラー**が率いる「**国家社会主義ドイツ労働者党**」が政権の座についている）と，一気に対外的な緊張が高まり，さらに昭和11（1936）年には**2・26事件**，昭和12（1937）年には**日華事変**が起こった。そして，昭和13（1938）年には「**国家総動員法**」が公布され，また昭和15（1940）年には**日独伊三国軍事同盟**が締結されるなど，第二次世界大戦参戦への準備が着々と整えられていった。政府が，超国家主義，軍国主義への道を突き進んでいくなか，教育もその例外ではありえず，**昭和16（1941）年3月**には「**国民学校令**」が公布された。国民学校令のもと，明治初年以来長く親しまれてきた小学校という名称は「**国民学校**」と改められ，修身，国史，国語，地理の四分野からなる「**国民科**」という中核的な教科が新たに設けられた。学校教育には忠君愛国の精神が強要され，神秘的な国体観や排外的な世界観にもとづく皇国民の錬成が教育目的とされるに至った。ここに認められるのは，もはや明治以来の儒教的な教育観でさえなく，超国家主義的な「教化」以外のなにものでもなかった。戦時教育のための準備が整うのを待っていたかのように，ついに**昭和16（1941）年12月8日**，わが国はハワイの真珠湾（パールハーバー）を攻撃し，**大東亜戦争**へ突入していった。学校教育は，戦局の悪化とともに実施不可能となり，子どもたちは昭和19（1944）年から，漸次，空襲のない地方への学童疎開を余儀なくされた。学童疎開には，縁故疎開と集団疎開があるが，前者は空襲の心配のない地方に在住する親戚，縁者，知人を頼りに身を寄せるものであり，後者はそのような親戚などがいない子どもたちが学校単位で地方に移ることをいう。集団疎開は，建前では強制ではなく勧奨によって行われていたが，応じない者には理由書を提出させて再度の勧奨がなされていたため，縁故疎開のできない者には，事実上の強制であった。親元を遠く離れての集団生活は，子どもにとっては耐えがたく，脱走する者，ノイローゼになる者はあとを絶たな

かった。また，環境の変化ゆえに病気になるものも多く，大都市のみならず中小の都市にも空襲があり，疎開先で命を落とす者もいた。戦時中ゆえ，地方でも食糧事情は悪く，栄養失調になるものもいた。とくに集団疎開の場合，衛生状態は必ずしも良好とはいえず，ノミ，シラミ，ダニなどの害虫に悩まされることもしばしばであった。また，疎開生活のストレスは，弱い者に対するいじめや，地元の子どもたちとの不和を生じさせ，いつ帰ることができるのかもわからない疎開生活は，子どもたちにとって，まさに地獄であった。このような生活・教育環境のなかで，授業は事実上の停止もしくはそれに近い状態におかれた。戦争が子どもたちに与えた傷は心身ともに深い。戦後疎開先から戻っても，両親や兄弟姉妹が空襲により死亡していることも珍しくはなく，そのような子どもたちのなかには浮浪児となって街を徘徊し犯罪に手を染める者もでてしまった。

■**占領下教育改革期**　連合国から一方的に突き付けられたポツダム宣言を，わが国は否が応でも受諾せざるをえなかった。国民の疲弊は想像を絶し，言語には尽くしえぬものがあった。わが国には，もはやこれ以上，戦争を遂行する能力は残されていなかったのである。昭和20（1945）年8月15日，昭和天皇の玉音放送をもって戦争終結を迎えたのち，教育改革は，わが国の最重要課題となっていった。昭和21（1946）年2月には，**日本側教育家委員会**（正式名称は「米国教育使節団ニ協力スベキ日本側教育家委員会」）が発足し，3月には**アメリカ教育使節団**が来日し，同月末日には「**アメリカ教育使節団報告書**」が提出された。この「アメリカ教育使節団報告書」よりも前にだされていた日本側教育家委員会の教育改革案（報告書）は，あとにだされた「アメリカ教育使節団報告書」の勧告と重なる点も多く，日本側教育家委員会の委員たちが，アメリカ側の指示を受けるまでもなく，主体的に議論し，提示したものであるということは，きわめて注目に値することである。日本側教育家委員会ならびにアメリカ教育使節団の報告を受けて，文部省は5月，戦後民主主義教育の手引書である「**新教育指針**」をだした。これは民主主義社会のあ

り方と民主主義教育の内容について，文部省が教師向けにだした啓蒙書であり，教育方針の転換に伴って新しい教育の方針・内容がわからずに迷っていた教育界にとっては貴重な指針であった。その内容は，戦前の反省から新日本建設のための基本方針を説き起こし，新日本建設のための根源的な力となるべき新しい教育の方法や内容を示したものであった。また8月には，日本側教育家委員会を改組・拡充した**教育刷新委員会**が文部省から独立し，**内閣に直属**するかたちで発足した。教育に関する重要事項を調査・審議し，その結果を内閣に建議するこの委員会の主要な任務は「アメリカ教育使節団報告書」の勧告を，わが国の現状に合わせて具体化することであった。これらは，教育基本法，学校教育法などの法整備や，6・3・3制学校体系の確立へと結実していった。なお，多くの仕事をやり終えた教育刷新委員会は，**昭和24（1949）年**に**教育刷新審議会**と改称された。戦後民主主義教育を語るうえで不可避的に重要なのは，**日本国憲法**（昭和21年11月3日公布・昭和22年5月3日施行）と**教育基本法**（昭和22年3月31日成立）である。ちなみに，教育基本法は，平成18（2006）年12月に，第一次・安倍晋三内閣において改正されている。終戦後，政府は，明治以来（とくに昭和に入って以降）国民道徳・国民教育の原理として機能してきた「教育勅語」にかわる，戦後教育の新たな理念を明確に打ち出す必要に迫られていた。しかし，多くの国民の精神的支柱であり続けてきた「教育勅語」を簡単に廃止することにはアメリカも慎重にならざるをえなかったのか，「アメリカ教育使節団報告書」は「教育勅語」の存廃にはなんらふれず，その有効性を論ずることさえ避けていたのである。そのようななか，教育刷新委員会が昭和21年12月にまとめた第一回の建議では，「教育勅語」にかわる**法的性格**を有するものの必要性が説かれていた。そして，**翌22年3月31日**，教育基本法は学校教育法とともに，アメリカ軍の占領下，国会で成立した。当時，日本国憲法は「公布」こそされていたが，いまだ「施行」には至っておらず，国家の最高法規が効力を発する前にこれらの法律が成立している事実は，占領軍がいかに教育改革を急いでいたかを物語っていよう。

ところで，教育基本法の成立ならびに日本国憲法の施行から1年あまりを経た昭和23（1948）年6月，教育勅語は，衆議院では「教育勅語等排除に関する決議」によって，また参議院では「教育勅語等の失効確認に関する決議」によって，政治的にその効力を失った。しかし，これらの決議については，①衆議院では「排除」の決議をし，参議院では「失効確認」の決議をするなど，両院での趣旨がまったく異なっている，②教育勅語は教育に対する明治天皇一個人の思いや考えを述べたものであり，したがって法律ではなく，法律でもない一個人の思いや考えを立法機関である国会で排除することは，国会の機能からして不可能である，③仮に教育勅語が法的な効力をもっていたとしても，それを立法機関である国会が無効とすることはできず，無効か有効かの判断は司法（最高裁判所）に委ねられるべき事案である，④教育勅語は昭和22年5月3日に日本国憲法の施行によって自動的に失効しており，両院の決議は，すでに排除され，失効しているものを追い討ちしたにすぎない実質性に欠く「決議」である，⑤占領軍の意向を国会で決議する際には，通常，事前に文書による命令が出される決まりになっていたにもかかわらず，両院での決議は，占領軍が命令文書を出すのをためらい，口頭で伝えた「命令」に盲従しただけの，慣例からいっても無効な「決議」である，⑥したがって両決議は，占領軍が決議を要求した事実を自ら隠蔽し，日本国民が自発的におこなったかのようにみせかけるための，国会の権威（権限ではない）を利用した，占領軍による政治的な演出にすぎない，などの批判や疑問も，法律学や政治学からは提出されている。

　なお，戦後の教育目的に関しては，第4章第3節「戦後教育改革と教育基本法」の内容と重複するため割愛した。戦後の教育目的については，同箇所を参照されたい。

4　ドイツの新教育

　19世紀末葉に始まる国際的な経済競争と高度の産業化と都市化，さらにそれと軌を一にする「公教育」の普及という，いわば「新しい現実」は，ドイツ

の民衆に，それまでとは大きく異なった都市型の生活形態を迫ることとなった。殖産興業が至上命題となり，そのため地域共同体の絆や伝統的な家族のあり方が崩壊の兆しをみせ，学校も産業構造の下位システムとして組み込まれる時代となったのである。このような産業化社会の大波が迫りくるなか，旧来の教養や文化を新しい時代に向けて革新していく動きが，広く「新教育運動」と呼ばれるものであった。

　先にもみたように，新教育運動は，ケイの『児童の世紀』に認められる〈子どもから〉の思想と実践に始まるといってよい。また，ケイと同様に，ローマのスラム街に「子どもの家」を開設し，いわゆる「モンテッソーリ・メソッド」を開発したイタリアのモンテッソーリの大いなる活躍と人類への貢献も忘れられてはならない。新教育運動は，彼女たちから始まったといっても過言ではないのである。

　また，一言で「新教育運動」といっても，それをドイツに限定してとらえるなら，**①教育的民衆運動**，**②教育改革運動**，**③学校における教育運動**，と三つに大別することができる。紙幅の関係上，これらのすべてについて述べることはできないが，ことドイツにおける新教育の実践事例をあげるとすれば，代表的なものとしては「労作学校」「田園教育舎」「イエナ・プラン」があげられよう。

(1) 労作学校とケルシェンシュタイナー

　一般に，労作学校とは，子どもたちの目的をもった自主的な自己活動や作業を学習の中心に据えることを目的に組織された学校である。**ケルシェンシュタイナー**（Kerschensteiner, G.）自身は，もともとミュンヒェン市の視学官を務めるなど，どちらかといえば教育行政官であったが，彼は，事物の影を相手にする，いわば「書物の学校」から，自己活動をおおいに取り入れた労作学校への転換を主張した。視学官としてのケルシェンシュタイナーの功績を，あえて二つに限って示すとすれば，一つ目には，国民学校の労作学校への転換があげられる。これまでの理論中心の授業に比して，自己活動や作業を取り入れていった結果，それまで授業についていけなかった子どもたちが生き生きとするよう

になったといわれている。二つ目には，勤労少年たちが通う実業補習学校の改革があげられよう。従来は，生徒の職業とは無関係に設置され，その意義が多分に曖昧になっていたが，ケルシェンシュタイナーは職業別の補習学校の設置を推進したのである。ここで重要なことは，ケルシェンシュタイナーは授業の中心を実習室等での労作に据えるも，単なる職業技能の習得ではなく，数学や図画などの一般教科にも通用する学習内容にしたことである。つまり，ケルシェンシュタイナーは補習学校の改革を通じて，職業陶冶にも及ぶような教育を考えていたのである。だが同時に，彼の労作学校に対する考え方は，職業陶冶を出発点に，公民教育を重視するものでもあった。『労作学校の概念』(1912年）では，公立学校の目的を「有用な公民の育成」におき，職業を公的な任務とみなし，職業を通じて国家の発展に貢献する人間の育成を究極的な目的とした。しかし，このような職業陶冶を前面に打ち出す労作教育に対しては，同じく労作学校・労作教育を説き，展開させていった**ガウディヒ**（Gaudig, H.）やガウディヒ派の学者から，労作学校は精神的な陶冶を目的にすべきであり，単なる職業訓練の域をでないケルシェンシュタイナーの労作教育論に対し，批判がでていることも忘れられてはならない重要な点である。

(2) 田園教育舎とヘルマン・リーツ

田園教育舎（Landerziehungsheim）とは，包括的な**人格教育**をめざし，都市から離れた自然の豊かな環境のなかに設置された寄宿制学校のことである。いったい，なぜ寄宿制を採用したのかといえば，人格教育のためには教師と生徒が，生活を24時間ともにすべきであるという理由からである。このような学校の形態は，なにもドイツ国内にとどまらず，ヨーロッパ各国にもみることができる。たとえば，イギリスのレディのアボッツ・ホルム学校やフランスの**ドモラン**（Demolins, E.）による「**ロッシュの学校**」などが代表的である。だが，これらの学校は互いに無関係ではなく，実際，田園教育舎を代表する「ドイツ田園教育舎」の創設者であるリーツにしても，アボッツ・ホルム学校での教職経験をふまえたうえで，ドイツ本国に，イルゼンブルク校（1898年），ハウビンダ校

(1901年），ビーバーシュタイン校（1904年）などの「ドイツ田園教育舎」を設置しているのである。

では，田園教育舎の理念とは何であったのであろうか。よく名称を吟味してもらいたい。「田園（Land）」とは「都市（Stadt）」に対する，「教育（Erziehung）」とは「知識教授（Unterricht）」に対する，いわば対概念である。リーツは，猥雑な文化に溢れて精神的に堕落した都市は教育の場に適さないと考え，生き生きとして生産的な活力に満ちた田園を教育に適した場所ととらえた。同様に，彼は教育を知識教授に対する対概念としてとらえ，実り少ない知識の伝達に終始する知識教授ではなく，全人教育を通じて人間の育成を行うことをめざした。したがって，「寄宿舎（Heim）」もまた「学校（Schule）」の対概念である。リーツは，学校を，教師と生徒の関係が，いうならば「支配－被支配」の関係にあるような冷たい空間と考え，家庭的で暖かな雰囲気で，生徒を包み込むような生活共同体としての寄宿舎を創造しようとしたのである。つまり，都市・知識教授・学校の克服こそ，田園教育舎の理念なのである。田園教育舎では，午前中の知的学習，午後の身体的活動や芸術的活動，夕食後の祈りや講話などの情操教育を基本的な日課としていた。そのため，周囲の自然環境は，絶好の「教育の場」であった。また，田園教育舎では，教師と生徒からなる10～12名のファミリーが形成され，これが生活の単位となった。リーツはこのような田園教育舎での経験をもとに，教育内容の精選と選択履修の推進，身体的な活動や作業を基盤とする中等教育改革案も提言している。また，リーツに触発されて，多様な田園教育舎的な学校も誕生している。その代表的なものとしては，男女が調和的に協力していくことを教育上の大原則とする，寄宿制の男女共学を実践・推進した**ゲヘープ**（Geheeb, P.）のオーデンヴァルト校などがあげられる。

(3) イエナ・プランとペーターゼン

イエナ・プラン（Jena-Plan）とは，教育科学論の第一人者でもあった**ペーターゼン**（Petersen, P.）が，イエナ大学教授時代に（1924年），イエナ大学の附属学校で展開した実践を起源とする。イエナ・プランを取り入れた学校は，今日で

も，とくにオランダを中心に数多くある。その特色は，学年別に編成される従来の学級制度を廃止し，基幹集団に代えているところにある。この基幹集団とは，下級集団（1～3年生），中級集団（4～6年生），上級集団（6～8年生）というように，それぞれ三学年を混合した集団であり，子どもたちは年少・年中・年長というように三つの立場を経験することになる。

　それでは，ペーターゼンがこのようなプランを構想した背景には何があったのであろうか。そこには，退学の問題があったといわれている。彼は，各学年別の学級編成では，たとえば勉強が苦手な子ども・嫌いな子どもが固定化されてしまい，その子が自信をなくしてしまうなど，人間関係が硬直化したものになってしまいがちになるのに対し，三学年混合の子どもがいると多様な立場を経験することができ，とくに年長の子どもたちは責任感や自信を涵養することができると考えた。さらに，人間形成のうえでも，基幹集団は，年齢のみならず，性別や多様な社会階級の子どもたちで構成されており，多様性をもちうるものであると考えた。ペーターゼンは**テンニース**（Tönnies, F.）の考え方にしたがって，「学級」が人為的で機械的な結合にもとづいた目的的・組織的な「社会（Gesellschaft）」であるのに対し，「基幹集団」は自然な感情の絆によって成り立つ「共同体（Gemeinschaft）」であるととらえ，基幹集団と学級の間には本質的な差異があると考えたのである。イエナ・プランには，基幹集団を通して暖かな結合にもとづく学校づくりをめざした過程がうかがえる。実際，ペーターゼンは，基幹集団の教室を「学校の居間」ととらえている。つまり，冷たい空間としての教室を否定し，担任すなわちグループ・リーダーのもとで教室をデザインし，そこへの帰属意識をもつ，家庭の居間のような場所にすることを求めたのである。そして，子どもの移動の自由を保証し，この自由に対する妨害を，子どもの健康に対する犯罪ととらえたのである。それゆえ，基幹集団では，固定式の長椅子に代えて可動式の机や椅子を設置し，子どもの移動の自由をも保証したのである。

　このように，イエナ・プランからは，基幹集団を通した学校改革への強い姿勢を見いだすことができる。だからこそ，ペーターゼンは，イエナ・プランの

学校は国家によって管理されるべきではなく，教師と父母が協同して管理・運営する学校となることを求めたのである。しかし，ナチス政権下，このような国家管理を拒否するイエナ・プランは葬り去られ，第二次世界大戦後の共産主義国家・旧東ドイツでは，資本主義的な特性が認められるなどという理由から，なおも否定されてしまったのであった。

第3節　学校の誕生

◼ 1　公教育の出現

　通常，公教育とは，社会的身分，経済的地位，思想・信条，性別，家柄などに関係なく，国家が国民に対し，人権として無償で保証する義務教育のことをいい，**義務制，無償制，中立性**を原則とする。義務教育の原点は，ゴータのエルンスト敬虔公（Ⅰ世）(Ernst der Fromme) のもとで1642年にだされた「ゴータの学校方策」であろう。これには，5～12歳の男女児童の通年就学義務はもとより，授業時数，学級編成，教科書，教授法，教育課程，保護者の義務，教会の就学監督事務，官庁の監督義務，視学官制度などが綿密に規定されており，まさしく人類史における義務教育制度の先駆けである。だが，義務教育制度の定着ということに関していえば，公教育の歴史は，実をいえば，まだ150年から，長く見積もっても200年程度の歴史をもつにすぎないのである。被教育者としての経験から，われわれは，教育といえばすぐに学校教育をイメージしてしまうが，公教育機関としての学校の歴史は，人類史全体の悠久な長さに比べれば，まだ始まったばかりなのである。それなら，公教育が始まる前，われわれの先達は学校をもっていなかったのであろうか。たしかに，ヨーロッパでいえば，学校は，古代ギリシア時代からあった。教育学史上，重要なものも少なくない。たとえば，B. C. 393年，**イソクラテス**（Isokratēs）は**修辞学校**を設立している。B. C. 387年，**プラトン**（Platōn）は，英雄アカデモスを祀るアテネ郊外の聖域に**アカデメイア**を設立している（英語，ドイツ語，フランス語などのアカデミーという言葉はここからきている）。B. C. 335年，アリストテレスは**リュケイ**

オンを設立している。B. C. 284年，アレクサンドリアには**ムセイオン**が設立されている。紀元後には，1170年のパリ大学設立を皮切りに幾多の大学が設立されているし，中世時代には多くの修道院が設立されている。また，わが国でいえば，藩校，郷校，寺子屋，そのほかの私塾もあった。つまり，「学校」はあったのである。だが，これらの「学校」が，すべての者に開かれていたわけではない。これらの「学校」で学ぶにあたってまず問題となったのは，学ぼうとする者の社会的身分，経済的地位，性別，家柄など，学ぼうとする者の本質とは関係のない表面的な事柄であって，これらの条件を満たさない者に，勉学の機会は与えられなかった。そのため，生きていくために必要な知識や技術は，多くの場合，意図的にであれ無意図的にであれ，家族や地域社会に生きる人々から学びとる以外にはなかったのである。

　だが，学校などなくとも，われわれの先達は，主として家庭や地域社会における社会化を通じて多くのことを身につけてきたし，家族や地域社会に生きる人々の意図的・意識的な指導や教育によって，さまざまな知識や技術を学んできた。実際，何万年にも及ぶ人類の悠久の歴史は，このようにして，ごくゆっくりとではあっても，しかし着実に進歩・発展してきたわけである。学校がなくとも進歩・発展が望めるのなら，われわれの先達は，なぜ，なくともよい学校（公教育）などというものを考え，つくり，制度化してきたのであろうか。はたして，人類の歴史にとって，学校（公教育）の歴史は，どのような意味をもっているのであろうか。

(1) 国家のための「公教育」

　上にみたように，**公教育とは，社会的身分，経済的地位，思想・信条，性別，家柄などに関係なく，国家が国民に対し，人権として無償で保証する義務教育のことをいい，あくまでも義務制，無償制，中立性を原則として行われる。**しかし，公の教育が，はじめからこのような意味と目的を備えていたわけではない。それどころか，公の教育は，子どもや国民のために現れたのではない。公の教育は，むしろ，①**18世紀イギリスにはじまる産業革命**，②それに伴う**戦**

争の近代化，③19世紀に高揚した**国家主義の遂行**のために，国家の要請によって出現したものなのである。それまで，**読み・書き・算**（これをスリーアールズ：3R's〈reading, writing, arithmetic〉という）はもとより，学問や芸術などの知識や教養は，ごく一部の特権階級にしか関係も必要もないものであったし，また関係ないほうが，特権階級による知識の独占や権威の保持のためには好都合だったのである。しかし，産業革命が進み，それが国家を経済的に強固なものにするものであることが明らかになると，各国は諸外国との経済競争に勝ち抜くために，それを徹底的に押し進める必要に迫られた。一言でいうなら，産業革命とは**機械化**のことであり，それまで人間が一つひとつ手作業で行っていた工程を，機械が一度に，大量に行う「メカニズム」である。だが，**工場制機械工業**を強固に押し進めるためには，機械もまた大量につくられねばならず，機械をつくる知識や技術，つくった機械を操作・整備する技術も必要になる。だが，国民のほとんどが，読むことも書くことも，あるいは簡単な計算すらもできない状況は，産業革命を押し進め，諸外国との経済的・軍事的な競争に勝ち抜いていくためには支障となる。この状況を打開するためには，国家がその責任において，すべての国民に教育を受けさせる必要がでてきたわけである。子どもや国民のためにではなく，国家という全体のために，一定の知識を一斉に，合理的かつ効率的に注入するにあたって，学校ほど便利なものはない。国家のための「公教育」が必要とされた背景には，このように産業革命を担いうる，高い能力をもった労働者が求められていたことがあげられる。

　また，とりわけ18〜19世紀にかけて，強大な国家権力を背景に押し進められたプロイセンの「公教育」や，それを手本に展開された明治時代中葉以降（分岐型学校教育体系以降）のわが国の「公教育」には，国家主義を徹底するための色彩が濃厚である。プロイセンでは，啓蒙専制君主**フリードリッヒ大王**（Ⅱ世）（Friedrich der Große）が1763年にだした「ルター派農村学事通則」や1765年の「カトリック地方学事通則」で，キリスト教の教理と3R'sの学習が義務づけられ，親には子どもを就学させる義務を，地方には学校を設置・整備する義務を課し，学校教育を国家の管理下においた。これは，絶対王政を支えるため

の教育であると同時に，富国強兵を押し進めるための教育であった。また，さらに時代が進み19世紀になると，わが国を含む近代統一国家は自国の独立のために，国民の精神的な統一を図る必要に迫られ，このためには共通言語の統一，普及，使用によって，国民としての意識を高めることが重要となった。そして，ひとたび自国の独立と統一が達成されれば，次には自国を豊かにし，軍隊を強くするためにも，学校教育を確固たるものにしていく必要に直面する。上にみたプロイセンの「公教育」や，それを手本にしてつくられた分岐型学校教育体系以降の日本の「公教育」に国家主義を徹底するための色彩が濃厚なのも，このような理由からなのである。また，明治以降の「公教育」が，国民の三大義務の一つであったのは，それがとりもなおさず富国強兵を目的としていたからなのである。

(2) 人権としての公教育

■**コンドルセ**　**フランス革命**（1789年）は，政治体制の変更をもたらした点で意味があるだけではなく，**教育を人権としてとらえる萌芽をもたらした**ことにおいても，また重要な意味をもっている。フランス革命期を生きた数学者，政治家で，啓蒙思想家でもあった**コンドルセ**（Condorcet, M-J-A. N. C.）は，教育それ自体を人権の一つとしてとらえ，自由・平等・博愛というフランス革命の理念をこの世に実現させるための不可欠な手段と考えた。コンドルセによれば，①公教育は国民に対する**公権力の当然の義務**である，②公教育は**機会均等**でなければならない，③公教育は**政治・宗教から独立**していなければならない，④公教育は**無償**でなければならない。これらの理念は，コンドルセが生きていた革命政府の時代には実現しなかったが，近代公教育の原理を示すものとしてきわめて重要であり，彼は「**公教育の父**」と呼ばれている。コンドルセは，人類の進歩が理性の進歩によって約束されるという啓蒙主義の立場に立ち，すべての国民が理性を開発する機会を与えられなければならないとする（②）。そして教育が権力によって歪められることなく，その自律性を護るため，政治権力からの独立はもとより，宗教権力からの独立を制

度的に実現しようと試みた（③）。また，コンドルセによれば，公教育は無償でなければならず（④），優れた能力をもっている貧しい家庭の子どものために，奨学制度を構想している。たしかに，コンドルセの理念が政策として実現するには20世紀を待たなければならなかった。しかし，すでに18世紀に人権としての公教育が構想されていたことは教育思想史におけるきわめて重要な事実であって，コンドルセの公教育の理念は，わが国の憲法（26条）や教育基本法の母体ともいえるのである。

■**マン**　マサチューセッツ州初代教育長を務めた**マン**（Mann, H.）もまた，公教育を語るうえで避けては通れない。マンは教育長として，**公立・無償制・義務制・無宗派**を原則とする世俗的公立学校の設立，州立師範学校の設立，教授法改革に尽力し，「**アメリカ公立学校の父**」と呼ばれている。マンが公立学校に期待したのは，学校が都市化のなかで崩れつつある家庭の教育機能を引き受けることであった。そのため，マンは教育を特権としてとらえることなく，あらゆる人の権利とし，階級意識の形成を公立の学校教育によって抑え込もうと考えたのである。人間には「教育を受ける権利（right to an education）」があり，したがって，義務教育を，この教育権を子どもに対して保証する親の義務としてとらえる。しかし，注意しなければならないのは，マンは公立学校の設立の目的を，一方では崩れつつある家庭の教育機能を引き受けるためとしながら，他方では産業社会を発展させるためともしており，学校教育に資本主義経済社会を発展させる役割を担うことを求めている点である。つまり，マンのなかで，公立学校の目的は必ずしも一致していないのである。また，コンドルセが義務教育の強制を自然権である親の教育権の否定ととらえ認めなかったのに対し，マンが義務教育を親の義務としてとらえていることも注意すべきであろう。

(3) 社会と子どもの落差を埋めるための「公教育」

以上，国家のための「公教育」が，18世紀イギリスに始まる産業革命と，

それに伴う戦争の近代化や国家主義の高揚を契機として発展してきたことを概観した。あるいはまた，人権としての公教育が，主としてフランス革命をはじめとする近代市民革命を契機として発展してきたことを概観した。

　しかし，公の教育は，これらの要因がなくとも，人間社会が発展しつづけていくかぎり避けることのできない，ある意味で必然的な事象でもある。ここで考えられなければならないのが，社会と子どもの関係である。なぜなら，社会が時間の経過とともに，その文化内容を累積的に蓄積していくのに対し，将来これを担うことになる子どもは，いつの時代に生まれようとも，まったく白紙の状態（ロックはこの状態を「**精神白紙説**」＝「**タブラ・ラサ**」と呼んだ）から出発せざるをえないからである。いかに社会が発展したからといって，子どもは知識や技能を身につけて生まれてくるわけではない。ここに，発展しつつある社会と白紙の状態で生まれてくる子どもの間に，必然的な落差が生ずる。そして，社会はその発展に伴い，子どもを自然の発達（ルソー）や日常生活を通じた社会化（クリーク）のみに委ねるわけにはいかない状態に達する。国家のための「公教育」であれ，人権としての公教育であれ，これらがこのような社会現実によって招来された事実は否定できない。つまり，国家のための「公教育」であれ，人権としての公教育であれ，これらはすでに高度化された文化内容をもつ社会の実態と，このなかに生まれてくる子どもとの間に横たわる現実的な落差を前提とし，この落差を埋めるために考案された意図的・計画的な教育なのであり，それが国家のために行われるか，人権として行われるかは，この必然的な現象のあとにくる問題であると考えることができよう。18世紀に現れて以来，今日に至るまで，学校が文化遺産の伝達と継承を主たる課題としてきているのは，社会と子どもの間に必然的な落差があることを前提としているがためなのである。

2　わが国における公教育制度の歴史

　学校教育制度は，その国の政治的，経済的，文化的諸条件を背景に成立している。わが国の学校制度もまた，**明治初期の複線型**（dual System），**明治中葉か**

ら大東亜戦争までの分岐型（fork system），現在の単線型（ladder system）と，時代による変遷を経てきている。

(1) 複線型学校体系（明治6〜32年まで）

　複線型学校体系とは，dual system という英語からもわかるように，一つの国家に，社会的身分，経済的地位，性別，家柄などの属性に応じて異なる二つの学校体系があり，両者が互いになんらのかかわりもなく並存している体系のことをいう。わが国では，明治4（1871）年の文部省設立，翌5（1872）年の「被仰出書」および「学制」の発布に続き，翌6（1873）年から学校教育が始動しているため，複線型学校体系もまた，この年から始まる。複線型学校体系は，近世ヨーロッパにおいて，政治的，経済的，軍事的な諸条件のもとに成立したものであるが，これは，身分の高い者と低い者，富める者と貧しい者，支配する側とされる側というような，階級的・経済的差別観をもとに構成された学校体系であり，現在にあっても，階級的・経済的な差別が行われている国に認められる学校制度である。つまり，複線型では，一つの国家に，身分の高い者，富める者，支配する側が学ぶ学校体系と，身分の低い者，貧しい者，支配される側が学ぶ二つの学校系統があり，両者は互いになんのかかわりもなく並存しているのである。「邑に不学の戸なく家に不学の人なからしめん事を期す」という「被仰出書」の趣旨に則り，明治6年，初等教育（小学校）は，たしかに「義務制」をもって始まった。ところが，この「義務制」は，無償制のうえに成り立つ近代的な意味での義務制ではなく，授業料を要するものであり，子どもをもつ国民に経済的な負担を義務として強いるという意味での「義務制」であった。だが，詳しくいえば，教育を受ける側が支払わなければならないのは授業料だけではなく，これに加え学区内の経費，半強制的な寄付金など，直接的・間接的にさまざまな費用が徴収されたため，負担は相当なものであった。現在と違い，国民の大多数が貧しい時代，わが子に知識や技能を身につけさせたくとも，実際に子どもを学校に通わせることができたのは，支配する側がほとんどであった。また，農業を生活の糧とする人口が多かった当時，また一組の夫

婦から生まれる子どもの数が多かった当時，子どもは，とくに農繁期には重要な労働力であり，この貴重な労働力を，授業料を支払ってまで学校に通わせる余裕などあるわけもなかった。その結果，この時代の「義務教育」は，有名無実に等しい，きわめて不完全なものでしかなかった。また，教育内容に関していえば，「学制」が功利主義的な実学の精神を重んじていたのはたしかだとしても，経済的負担を強いられる親の目に，実際の授業内容は，生活とかけ離れた実生活にはほとんど役に立たないものにしか映らなかった。さらにいえば，政府が国民に対し，厳しい就学の督促を行う一方で，寺子屋などの教育施設を廃止し，娯楽を禁止ないし制限したことは，政府や学校制度そのものに対する国民の不信と怒りを招くだけで，就学率の向上にはなんらつながらなかった。

　また，複線型ゆえ，仮に小学校に通い，優れた成績を修めたとしても，支配される側のほとんどは上級学校には進めず，小学校どまりであった。つまり支配される側にとって，学歴や出世はほとんど望めない学校制度であった。学歴や出世と関係あるのはあくまでも支配する側だけであり，努力次第で自分の人生を変えることができたのは支配する側だけであった。「被仰出書」では学ぶことの重要性を説きながら，実際の学校制度では，いかに優秀な成績を修めても上級学校に進めない大多数の国民にとって，この時代の学校制度はダブル・スタンダード以外のなにものでもなかったのである。この間におこなわれた「改正教育令」の公布や「教育勅語」の渙発により，就学率の上昇が期待されたものの，これらも就学率上昇の決定打にはならなかった。

(2) 分岐型学校体系（明治33〜昭和22年3月31日まで）

　分岐型学校体系（fork system）とは，初等教育段階まではすべての児童に単一の教育を無償で用意するが，その後の体系は複線型に戻る体系をいう。分岐型学校体系は，ヨーロッパにおいて，19〜20世紀に移るころに現れた体系である。このころ，民主主義の思想や人権思想が広まっていくなか，富裕な特権階級のための学校系統と貧しい一般大衆のための学校系統がなんのかかわりもなく並存する複線型学校体系の差別的・非民主的性格が問題となり，これを改

革しようとする動きがみられるようになった。いち早く産業革命を成功させ，世界最大の経済力と軍事力を誇る大帝国になっていたイギリスでは，19世紀末葉，複線型学校体系が問題化した。また，20世紀に入ると，ドイツやフランスにおいても，一つの国家に二種類の国民をつくらんばかりに並存している二つの学校系統を統一していこうとする運動が起こった。このような運動を「統一学校運動（Einheitsschulbewegung）」という。分岐型学校体系は，もともとヨーロッパにおけるこのような運動が下地になって実現した学校体系なのである。

　明治政府が西洋諸国に倣った学校制度の構築を急いだ理由には，教育によって「一身の独立」をたしかなものにしたうえで「一国の独立」を図ることにあった。明治初年には，いまだ幕末の混乱もあり，ともかく欧米諸列強に倣った学校制度をかたちづくることに主眼がおかれていた。しかし，最大にして最後の旧士族と新政府軍の戦い（西南戦争）が，明治10（1877）年に新政府軍の辛勝のもとにおわり，明治18（1885）年に内閣制度が整い，明治23（1890）年に「教育勅語」が渙発されたころ，わが国にも産業革命の波が押し寄せてきたのである。産業革命の波が本格的に押し寄せてくると，教育の目的もまた，「一身の独立」を超えた富国強兵のためのものへ転換していく必要が生じ，学校制度もまた，欧米諸列強に伍していくための，実のあるものを整えていくことが至上命題となった。そこで，まず問題となったのが初等教育である。初等教育はこれまでも「義務制」ではあったが，国民に課せられた経済的負担などの理由で実際には形骸化していた。だが，国民の多くが自分の子どもを学校に通わせていない——したがって，多くの子どもが3R'sさえ身につけていない——現実は，富国強兵政策を進めていくうえで，明らかに支障となる。このような現実への対応として，**明治33（1900）年，初等教育段階の授業料を無償制にし，すべての子どもに同一の教育内容を用意する分岐型学校体系が始動**。ここに，不完全ながら義務教育制度が成立した。この結果，就学率は，明治35（1902）年には90％を超え，明治末葉には99％に達している。これらの数字は，未就学の主たる要因が，授業料をはじめとする種々の経済的負担にあったことを示してい

る。

　なお，この明治33年＝1900年という年は，うえにみたように，ケイが『児童の世紀』を著した年であり，ヨーロッパにおいては国家のための「公教育」による歪みが徐々に問題視されはじめていたころに，わが国ではようやく国家のための「公教育」が実現されたことになる。われわれは，ここに，学校教育をめぐるヨーロッパとわが国のタイム・ラグを見いだすことができよう。ヨーロッパ諸国に比べ，わが国は，いうならば「周回遅れ」の議論を始めたばかりなのであった。ヨーロッパ諸国に比べ，わが国は，おおよそ100年の遅れをもって国家のための「公教育」を，ようやく実現させたわけである。

　ところで，初等教育段階の無償制が実現したからといって，支配される側の子どもたちが上級学校へ進学できるようになったわけではない。というのも，分岐型への切り替えは，あくまでも富国強兵を実現していく一環として，すべての子どもに一定の知識を身につけさせることをねらったものであって，支配される側の社会的な地位を向上させることなど，政府の目的では到底ありえなかったからである。分岐型学校体系を英語でfork systemと表すのは，すべての子どもに用意されている初等教育をフォークの柄の部分に，柄から分岐した先を支配する側しか進むことのできない上級学校にたとえているためである。つまり，複線型と分岐型の違いは，初等教育がすべての子どもに無償で保証されているか否かだけであって，支配される側のほとんどの子どもにとって，その先にある上級学校など関係なかったのである。したがって，支配される側の視点に立つなら，分岐型学校体系とは，すなわち複線型学校体系の単なる変形でしかなかったのである。なお，明治40（1907）年には，それまで4年制であった小学校が6年制に変わり，現在に至っている。

(3) 単線型学校体系（昭和22年4月1日から現在まで）

　単線型学校体系（ladder system）とは，社会的身分，経済的地位，思想・信条，性別，家柄などに関係なく，教育の機会均等の原則に従って，すべての子どもに単一の学校系統を用意し，各段階（初等教育段階から高等教育段階へ）の学校を，

下から上へ，個人の意志と選択にもとづいて学んでいく体系のことをいう。つまり，梯子（ladder）ははじめから一つしかなく，その一つの梯子を，各人が自らの意志と選択にもとづいてのぼっていくわけである。単線型学校体系については，古くはコメニウスの『大教授学』に現れているが，これが制度として定着したのは，19世紀のアメリカにおいてである。複線型学校体系がヨーロッパで発達したのに対し，新興国家アメリカは，その独立を維持し，存続していくためにも，身分や階級に関係なく優秀な頭脳を確保する必要があった。民主主義的理念のもとに形成されたアメリカの社会体制が，社会的身分や経済的地位，家柄，性別などに関係なく，当人の意志と努力だけで学校段階をあがっていくシステムを可能にしたわけである（もっとも，民主主義国家であるはずのアメリカにおいてさえ，アフリカ系アメリカ人をはじめとするマイノリティーには，このシステムは関係のないものであったのだが）。

　わが国の戦後教育は，昭和22（1947）年4月1日にスタートしたが，その精神的支柱となったのは，この前日（昭和22年3月31日）に成立した「**教育基本法**」である。教育基本法は，改正がおこなわれた平成18年（2006）年まで，約59年間続いた。だが，改正後の教育基本法においても，戦後教育の民主主義的理念は存続しており，単線型学校体系が維持され，存続していることには些かの変りもない。単線型学校体系の理念は，憲法26条と教育基本法の第3条と第4条に明確に現れていたし，改正後の教育基本法においても第4条と第5条に受け継がれている。

　しかし，梯子が一つしかないことは，目的意識を欠いたままでも，あたかも自動的に進学できるような錯覚を子どもに与えがちである。たしかに，戦後，中等教育のみならず，高等教育も多くの者に開かれるようになった。教育を受ける機会が格段に増えたことは，むろん歓迎されるべきことである。しかし同時に，教育は，空気や水のように，あって当たり前のものとなり，子どもたちは学べることになんのありがたみも感じなくなってしまった。わが国の社会病理の一つであるといってよいであろう。教師は，そしてまた教師を志す者は，単線型学校体系が，先達の長きにわたる労苦のうえに勝ち取られた人類の財産

であることを常に胸に刻み，日々の教育実践に活かしていかなければならない。

注
(1) ルソー／永杉喜助・宮本文好・押村襄訳『エミール（全訳）』玉川大学出版部，1982年，13頁より引用したが，多少訳出を変えた。
(2) カント／勝田守一・伊勢田耀子訳『教育学講義他』(世界教育学選集) 明治図書，1971年，12～13頁。
(3) 斎藤喜博『教育学のすすめ』筑摩書房，1969年，7頁。
(4) クリーク／稲富榮次郎・佐藤正夫訳『教育哲学』育芳社，1943年，57頁。
(5) 同上，155～156頁。
(6) Spranger, E., *Lebensformen, Tübingen*：Neomarius Verlag, 1950, S. 380.
(7) エレン・ケイ／原田實訳『児童の世紀』(世界教育宝典) 玉川大学出版部，1960年，106頁。

参考文献
吉田武男監修・滝沢和彦編著『教育学原論』ミネルヴァ書房，2018年
勝山吉章編著『西洋の教育の歴史を知る』あいり出版，2011年
高橋勝・新井保幸編著『教育哲学』樹村房，1994年
長尾十三二『西洋教育史』東京大学出版会，1984年
原聰介他編著『近代教育思想を読みなおす』新曜社，1999年
山内芳文『「生きること」の教育思想史』協同出版，2002年
高橋勝『子どもの自己形成空間　教育哲学的アプローチ』川島書店，1992年
高橋勝『学校のパラダイム転換』川島書店，1997年
高橋勝他編著『子どもの〈暮らし〉の社会史』川島書店，1995年
高橋勝他編著『教育関係論の現在』川島書店，2004年
高橋勝『経験のメタモルフォーゼ』勁草書房，2007年
小笠原道雄編著『文化伝達と教育　教育学入門』福村出版，1993年
沼田裕之他編著『〈問い〉としての教育学』福村出版，1997年

第2章
学校教育の内容と方法

森下　稔
野浪　俊子
助川　晃洋
高橋　浩

第1節　教育課程

　学校教育は，はっきりとした目的・目標を掲げて，その達成のために組織的・制度的に取り組む場である。そこでは，どういう内容をどんな順序でどう時間配分して教えたり，学ばせたりするのか，あらかじめ計画を立てる必要がある。その計画を「教育課程」と呼ぶが，本節ではこの教育課程の意義および編成の方法ならびにカリキュラム・マネジメントについて考える。

1　教育課程の意義

　「教育課程」という用語は，戦後になって英語の**カリキュラム**（curriculum）の訳語として使われるようになった。この言葉は，ラテン語で戦車競走の「走路」を表すクレレ（currere）が語源であるといわれている。すなわち，児童生徒が一定のルールの下で同じ目標に向かって走るための道筋，言い換えるとそうした制度的に確立した教育内容や学習経験のコースのことをカリキュラムと呼んだのである。戦前日本においては，学校とは教科内容の伝達の場であるという考え方から「教科課程」や「学科課程」と呼ばれた。戦後は学校が行うべき活動は教科の授業だけにとどまらず，さまざまな児童生徒の活動や経験も含むものと考えられ，「教育課程」と称されるようになった。

　以上のように言葉としての由来から考えるならば，「**教育課程**」とは，**教育目的・目標を達成するために，教育内容を人類の文化遺産のなかから選択し，一定の順序に配列し組織した計画であり，児童生徒によるあらゆる活動と経験**

を含んだものと定義することができる。

ところで,「教育目的・目標」と「教育内容」は,誰によって定められるか。近代社会では,教育には国民国家における国民の育成という目的がある。そのため,教育内容は全国共通であることが要求される。したがって,カリキュラムには国家によって定められた教育内容の公的な枠組みという意味が生じることになる。専門用語では**コース・オブ・スタディ**というが,通常,カリキュラムと厳密に区別されることは少ない。たしかに,学校によって教育内容が異なれば,等しく教育を受ける権利が保障されないおそれがあり,全国共通の教育内容が定められることは重要である。しかし,内容選択の結果によっては,特定の偏ったものの見方や考え方が子どもの人格形成に負の影響を及ぼすことがある。そこで,各学校がその地域や学校の実態をふまえ,児童生徒の学習経験の総体として特色ある教育課程を主体的に編成しなければならない。ただし,「共通性」か「独自性」のどちらかという二者択一ではなく,両者のバランスを保つことが必要である。

後述のように,日本では2003年の学習指導要領一部改正により,学習指導要領に示されている内容とは,国全体で誰もが確実に習得すべき最低基準(ナショナル・ミニマム)であることが明確化された。他方,いわゆる「はどめ規定」は見直され,子ども,地域,学校のニーズに応じて学習指導要領に示されていない内容も指導できるようになった(ローカル・オプティマム)。

2 教育内容の選択と教育課程の編成

教育課程編成においては,何を教育内容として選択するかということが非常に重要となる。人類がもつ知識や文化のすべてを教えることは不可能であり,また経験や活動をどのような内容で計画するかについても,その意義や期待される効果によって慎重に考えられなければならない。

教育内容を選択する一般的な原理は,①学問的要請,②社会的要請,③心理的要請であり,これに,④人間的要請を加える考え方もある。**①学問的要請**による教育内容の選択とは,教育課程の修了時に到達すべき学問的な水準および

その内容を定めたうえで，そのために必要な基礎となる内容を選択するものである。たとえば，中学校第3学年の数学で「三平方の定理」について習得させようとする場合，その基礎としての平面図形の性質など基本となる事項を教育内容として選択することになる。②**社会的要請**による教育内容の選択とは，社会の後継者として若い世代に身につけさせるべきと，社会から要求される内容を選択するものである。たとえば，社会正義や公正など，民主主義社会における責任ある市民的資質を身につけさせることのように，いつの時代にも社会から要請されることがある。また，社会の変化が著しい現代においては，学習者が社会人となる近未来社会の予測をふまえることも重要である。ICT機器の活用を教育内容に加える場合，近未来の生活に不可欠と考えられるからである。以上の二つの要請が，子どもの外側からの視点であるとすれば，子どもの内発的な学習過程に着目するのが，③**心理的要請**である。子どもの発達段階に応じて，興味，関心，欲求に配慮して教育内容が選択される場合がある。また，一般的な発達段階ばかりでなく，個性の違いに応じて教育内容を選択すべきであるとする立場もある。学問と社会からの要請が非人間的であるとして拒絶し，心理的要請に重きをおくと，シュタイナー学校などのオルタナティブ教育や日本のフリースクールのように，人間性重視の教育内容でカリキュラムが構成される場合がある。さらに進めて人間そのものを問う教育内容を選択する潮流があり，環境，人権，平和，国際理解など人間のあり方をテーマに学ぶ必要性を重視する立場から，④**人間的要請**と呼ばれることがある。

　教育目的に応じて教育内容の選択が行われると，次に教育内容を一定の順序に配列し組織して計画を策定する段階に進む。これを**教育課程の編成**という。その過程は次のようになる。

　①教育内容を確定→②教科の形をとるか否かという組織原理を決定→③それらをどのように学年に配当するか，必修とするか否かを決定→④教科書や実物教材，視聴覚教材などの教材を準備→⑤授業の時数や単位時間を定める→⑥一斉学習・グループ学習・個別学習などの学習形態の展開や指導法・評価法などを定める

日本の学校における教育課程の編成は，憲法，教育基本法および学校教育法などの法令の定めにもとづき，さらに小学校・中学校・義務教育学校・高等学校・中等教育学校および特別支援学校については教育課程編成の基準として文部科学大臣が告示する「**学習指導要領**」にもとづいて，各学校が地域や児童生徒の実態をふまえて主体的に編成することになっている。なお，幼稚園に関する基準は「**幼稚園教育要領**」によって示されている。

　学校が教育課程を編成するにあたっては，教育目標の設定，教育内容の選択，教育内容の組織化，年間計画をはじめとした指導計画の策定といった手順を踏むことになる。教育目標は上に示した法令や学習指導要領に示された最低基準としての規定に加え，各学校で児童生徒の実態をふまえた望ましい人間像を熟慮することなどによる具体的な目標設定が必要とされる。

❸ 学習指導要領の変遷

　学習指導要領は日本の初等教育・中等教育における教育課程編成の基準である。1947年に最初の学習指導要領が出されて以来，約10年ごとに改訂され，そのたびに基本的な性格が変わるとともに，現在に至るまで学校現場にとどまらず，社会一般の注目を集めてきた。そこで，学習指導要領の変遷を追っていくことにする。

① 最初の学習指導要領：1947（昭和22）年

　日本国憲法および教育基本法による戦後の教育改革は，戦前の注入的・鍛錬的な教育方法を根幹から否定し，民主主義社会の構築をめざして，児童生徒を学習の主体者としてみなすアメリカの経験主義が導入された。最初の学習指導要領は，教師が教育課程を編成する参考のための「**試案**」として発行された文部省著作物であった。そこでは，教師が自主的に地域性や学習者の特性を考慮しながら弾力的に教育内容を定めることができるものとした。このときに新設された教科は社会科，家庭科，自由研究であった。とくに，社会科は，アメリカのバージニア・プランを参考にして構想され，児童生徒が社会生活上直面する課題や問題を取り上げ，問題解決学習を通して社会性を身につけることがめ

ざされ，戦後の教育改革の重要な柱と考えられた。

② 第1次改訂：1951（昭和26）年

1947年版は暫定的であり，文部省は1949年に**教育課程審議会**を発足させ，そこでの審議を経て1951年改訂版を発行した。キーワードは**教育の生活化**である。このときから，「教育課程」の用語を用い，小学校の「自由研究」が「教科外活動」へ，中学校の「自由研究」が「特別教育活動」へと展開したことともあわせて，教科以外の活動も含めて考えられることとなった。

③ 第2次改訂：小・中学校1958（昭和33）年，高等学校1960（昭和35）年

1951年サンフランシスコ講和条約の調印や朝鮮戦争の勃発，保守対革新の55年体制への展開といった社会背景のもと，占領下に着手された制度や政策に修正が加えられ，教育についても政府・文部省による統制が強化される方向性が打ち出された。学習指導要領はこの改訂から「試案」の2文字がとれ，**官報告示**となった。このことと学校教育法施行規則改正により，学習指導要領には**法的拘束力**があるとされ，教科書検定の強化とともに統制が強められた。

教育内容面では，問題解決学習が児童生徒の学力をつけさせていないと批判され，**系統学習**が重要視された。キーワードは**教育の系統化**である。そのため，基礎学力の充実，科学技術教育の強調，道徳教育の徹底がうたわれた。小・中学校では，「道徳の時間」が特設され，高等学校では「倫理社会」が新設されて必修化された。

このような改革は基本的には保守勢力の主張に沿って進められたものであるが，戦後の児童中心主義的な教育こそが民主主義社会を構築する真の教育であると信じ，文部省の政策に公然と異論を唱える教師が多くいたのも事実である。その意見表明の場の一つが日教組であり，その活動を政治的に支援したのが社会党などの革新勢力であった。ここに，教育論争の構図として「文部省・自民党・保守・右」対「日教組・社会党（または共産党）・革新・左」が成立し，長く対立することとなった。

④ 第3次改訂：小学校1968（昭和43）年，中学校1969（昭和44）年，高等学校1970（昭和45）年

　1960年代，日本は高度経済成長を遂げた。このため，科学技術の発展によって必要とされる労働力の知的水準は飛躍的に高度化するとともに，知識をもっていることよりも知識を使って何かをつくり出す能力が要求されるようになった。こうして，第3次改訂では，教科のもつ基本構造をベースに新しい時代に対応できる人間の育成をめざして，教育内容の現代化が図られた。キーワードは**教育の現代化，科学化**である。具体的には，たとえば小学校の算数に集合や関数の概念を導入したり，理科での探求学習を強調したりした。

　経済成長は同時に，多くの家庭で子どもの教育に投資できる余裕を生み，高等学校や大学・短期大学への進学率を上昇させた。このことは，一方で高等学校入学のための受験勉強を激化させることになるが，他方では多様な個性や特性をもった生徒が高等学校へと進学するようになった。そのため，この改訂では生徒の個性や特性に応じた指導のあり方が重視された。

　なお，この改訂で「特別教育活動」と「学校行事」は統合されて「特別活動」となり，各教科，道徳，特別活動の3領域となった。

⑤ 第4次改訂：小・中学校1977（昭和52）年，高等学校1978（昭和53）年

　第3次改訂では教育内容が量的に拡大し，教科書の内容を消化するのがやっとで授業時間の余裕がなかったり，入試問題の難度が高まったりする現象を引き起こした。その結果，**教育病理**と呼ばれる現象が学校を舞台として問題化した。具体的には「落ちこぼれ」と「校内暴力」である。こうした問題を解決するため，「ゆとりある教育課程」をめざした改訂が行われた。キーワードは**教育の人間化**である。すなわち，児童生徒が道徳的・情緒的な面でより人間らしい感性を身につけるようにするため，工場化したと批判された学校を人間らしい生活の場へと転換することが提言された。具体的には道徳教育の充実，教育内容の精選，各教科の標準時間数の削減と学校裁量時間としての「ゆとりの時間」の新設，高等学校における選択の幅の拡大の方策がとられた。

　この改訂以後，**日本の教育課程は「ゆとり」へと進路を変えた**。

⑥ 第5次改訂：小・中・高等学校 1989（平成元）年

　1980年代を通じて，日本社会は急速で激しい変化を経験した。**臨時教育審議会**は「社会の変化への対応」を提言し，初等・中等教育を生涯教育の基盤として位置づけるために，教育内容の全面的な見直しを求めた。教育課程審議会の1987年答申では，科学技術革新と経済発展により，物質的に豊かな社会が形成されるとともに，情報化，国際化，都市化，価値観の多様化，高齢化などが進行していると現状を分析した。そして，陳腐化しがちな知識を教え込むよりも，**変化に対応できる資質能力の育成**を重視することを提言した。学ぶ意欲をもち，自ら考え，判断し，その思考と判断の過程や結論を的確に表現し，実践する，そうした学習過程が重視された。

　この答申をもとに，第5次改訂が行われた。キーワードは**教育の個性化**である。具体的な改訂の要点は，小学校低学年で社会科と理科を統合した「生活科」の新設，中学校における選択履修の幅の拡大，高等学校における「地理歴史科」「公民科」の新設および家庭科の男女必修化，国旗・国歌（日の丸・君が代）の指導の徹底，外国語コミュニケーション能力の重視，心豊かな人間の育成をめざす道徳教育の重視などがあげられる。

　この改訂では，従来の知識理解を重視する学力観から，児童生徒の学習への取り組みをより重視した「新しい学力観」への転換が最大の特徴となった。1993年に文部省は「**新しい学力観**」を次のように定義した。「これからの教育においては，激しい変化が予想される社会に生きる子どもたちが，自分の課題を見つけ，自ら考え，主体的に判断したり，表現したりして，よりよく解決することができる資質や能力の育成を重視する必要がある。そのような教育を実現するためには，子どもたちの内発的な学習意欲を喚起し，自ら学ぶ意欲を喚起し，思考力，判断力，表現力などを学力の基本とする学力観に立って教育を推進することが肝要である。」[1]

　これに伴って，**観点別評価**が導入され「関心・意欲・態度」「思考・判断」「表現・工夫」「知識・理解」からなる4観点が設定された。また，教育方法としては教師中心の知識の詰め込み学習を否定し，子どもがその個性に応じて学習活

動に主体的,意欲的に取り組む授業への転換が求められた。そのことによって生きて働く知識や能力を身につけることとされた。

「新しい学力観」は,多くの教師の共感をえた。画一的な一斉授業や受験一辺倒の教育のあり方に疑問をもち,授業改善に汗を流してきた教師にとっては,待望の学力論であった。しかし,「知識・理解」の軽視ともとれる現場の混乱もあり,批判の声も大きかった。たとえば,子どもがわざと意欲的であるかのように振る舞う風潮や,子どもの活動を重視するあまりに教師が「教えてはならない」という雰囲気に飲み込まれていくということが起きた。

⑦ 第6次改訂：小・中学校1998（平成10）年,高等学校1999（平成11）年

1996年**中央教育審議会**は「**21世紀を展望した我が国の教育の在り方について**」第1次答申[(2)]を発表し,教育とは「自分探しの旅を扶ける営み」とし,学校では［ゆとり］のなかで［生きる力］を育む教育をめざすこととした。その方策として,［ゆとり］を生むための**完全学校週5日制**の実施を提言し,そのために教育内容の厳選と基礎・基本の重視が必要であるとした。翌1997年には第2次答申を発表し,6年一貫の中等教育学校の創設をはじめ個性化・多様化の方策を提言した。中教審は答申のなかで［生きる力］を「自分で課題を見つけ,自ら考え,主体的に判断し,行動し,よりよく問題を解決する能力」「自らを律しつつ,他人と協調し,他人を思いやる心や感動する心など豊かな人間性」「たくましく生きるための健康や体力」と定義した。

1998年の教育課程審議会答申は,教育とは「子どもたちの発達を扶ける営み」とし,完全学校週5日制に対応するために,授業時数の削減と教育内容の縮減,「総合的な学習の時間」の創設,教育課程の大綱化・弾力化を柱とする学習指導要領の改訂を提言した。そのねらいでは,豊かな人間性,自己学習能力など［生きる力］の育成とともに,基礎・基本の確実な定着,個性を生かす教育の充実が強調された。また,学校に対しては,創意工夫を生かし特色ある教育を展開することが求められた。

これらの答申にみる教育課程改革の理念は第4次改訂から一貫して「ゆとり教育」である。教育方法・評価方法についても「新しい学力観」を継承した。

［生きる力］という表現が使われたが，これも「新しい学力観」によって育もうとしていた資質能力を一言で表すために編み出されたものである。

　以上の答申にもとづき，第6次改訂が告示された。キーワードは**教育の総合化**である。改訂の要点は，年間70単位時間の削減と1単位時間の運用の弾力化，新領域として「総合的な学習の時間」の創設，国際化への対応として「外国語」の必修化，情報化への対応として中学校「技術・家庭」の「情報基礎」の必修化と高等学校での一般教科「情報」の新設，高等学校の専門教育教科として「福祉」「情報」の新設，中学校・高等学校の特別活動におけるクラブ活動の廃止によって内容が学級活動（高等学校はホームルーム活動）・生徒会活動・学校行事から構成されること，盲・聾・養護学校における「養護・訓練」の「自立活動」への改編があげられる。

　「総合的な学習の時間」とは，教科の枠にとらわれずに横断的・総合的に学ぶ時間として，各学校が地域や学校の実態に応じて，自由に特色ある教育活動を展開するために設定された時間である。小学校低学年では「生活科」がその機能を果たしているため，小学校第3学年〜高等学校に設定された。各学校での創意工夫を奨励するため，目標・内容はもちろんのこと，その名称についても各学校が決定することとなった。ただし，学習テーマ例として「国際理解」「情報」「環境」「健康・福祉」があげられた。この時間は教科ではないため，教科書がなく，テストもない。評価については，子どものよい点，意欲や態度，進歩の状況などについて評価し，総合的な所見を文章で記述するとされた。

⑧　第6次改訂の一部改正：2003（平成15）年

　学習指導要領の第6次改訂に対しては，批判が集まり，社会一般の注目するところとなった。それに対して文部省（2001年より文部科学省）は批判に反論するとともに，対応策を打ち出した。

　「ゆとり教育」政策に対して，藤田英典は国際競争力を高めようとする世界的な教育改革の潮流に完全に逆行する「教育の武装解除」だと批判し，完全学校週5日制や中等教育学校の創設などの個性化・多様化政策についても教育の市場化・私事化（選択の自由と自己責任）を進めて競争原理をあおり，勝者と敗

者を生むシステムであるとして批判した[3]。

　その後1998年に学習指導要領が告示され,「内容の3割削減」「絶対評価の導入」といった特徴が社会一般に知られるようになると,ゆとり教育が子どもの学力を低下させ,日本の将来を危惧する批判がさまざまな立場から続出した。いわゆる**学力低下論争**[4]である。きっかけは,大学教員が著書『分数ができない大学生』で,ゆとり教育や大学入試の多様化によって,有名大学の学生であっても学力低下が引き起こされたと論じた。教育学の調査でも中学生の学力低下が実証的に示された。加えて,その学力低下の程度は社会階層の低いグループ（家庭の文化的環境が豊かでないグループ）の子どもに集中して生じることが明らかにされた。社会階層での不平等の再生産は,意欲の格差にもつながるとも論じられた。さらに,精神分析学者が,医学的見地から受験勉強は学力の発達に有益であるとする論を展開した。

　こうした批判に対して,文部省は国際教育到達度評価学会（IEA）の調査結果から数学・理科の点数が世界のトップレベルであることから「学力低下はない」と主張した。学習内容の3割削減で共通に学ぶ内容が減るのはたしかだが,その分ゆとりをもって基礎・基本の確実な定着が図られるので心配はないと反論した。学力低下を示す実証的データに対しては,めざす学力は計測可能な目に見える学力（旧学力）ではなく,［生きる力］であるとデータそのものの有効性を否定した。

　しかし,「ゆとり教育」と「新しい学力観」が,いわば教育の劣化をもたらしたことは,文部省や各審議会でも認識されるところとなった。すなわち,「ゆとり教育」は学校に「ゆるみ」と「たるみ」を生み出したという認識である。「新しい学力観」は,関心・意欲・態度だけが大切で知識・技能の習得を度外視する極端な見方を生み,文部省の一部の教科調査官・賛同する教育学者などが,「子ども中心主義」の立場から「知識の注入はよくない」「指導はやめて,教師は支援者たれ」と現場を指導した。「いかに教えないか」を競い合う風潮が拡大し,責任ある指導の放棄が蔓延した。

　政府・文部省が「ゆとり教育」からの脱却の方向へ転換したのは,2000年

3月に発足した首相の私的諮問機関としての「**教育改革国民会議**」からであった。ここでは，**教育基本法の改正**を視野に入れて，今後の教育改革の方向性が議論された(5)。その成果は同年12月に最終報告「**教育を変える17の提案**」にまとめられた。これに対応して，出席停止制度・不適格教員の配置転換・社会奉仕活動の促進など教育改革関連6法案が成立した。また，道徳教材「心のノート」の作成・配付，地域運営学校（コミュニティ・スクール）の創設などの施策につながった。

　さらに，2002年1月遠山文科相の「確かな学力の向上のための2002アピール『学びのすすめ』」では，1998年版学習指導要領のねらいは堅持しつつも，具体的なレベルでは宿題や補習を奨励したり，「はどめ規定」を超える発展的学習を容認したりした。ここでいう「確かな学力」とは，知識や技能に思考力・判断力・表現力や学習意欲を加えた学力と説明された。そして「**確かな学力**」「**豊かな人間性**」「**健康・体力**」の三位一体で［生きる力］を構成するとした。

　結局，中央教育審議会は2003年10月「**初等中等教育における当面の教育課程および指導の充実・改善方策について**」答申において，学習指導要領はどの児童生徒も習得すべき学習内容の最低基準であることを確認し，異例の施行2年目で第6次改訂版の一部改正を決定した。これにより，第2次改訂以来法的拘束力をもつものとして「教師が教える内容を定めた基準」から，「すべての児童生徒が習得すべき内容を定めた基準」へと歴史的転換が行われた。

　2005年10月中教審答申「**新しい時代の義務教育を創造する―義務教育の構造改革―**」では，学校の教育力と教師の力量を強化することにより，子どもの豊かな人間力を育成することを教育改革の目標に掲げ，義務教育の新たなシステムを提起した。教育課程行政のあり方については，国が教育目標を設定し，地方や学校が義務教育の実施主体として権限と責任を拡大し，教育の結果を国が検証し，教育の質の保証をする構造への改革を提言した。つまり，「事前規制」から規制緩和と地方分権によって「事後検証」へと，構造改革しようとするものである。

　このような改革は，グローバリゼーションを背景として，日本政治全体で進

められた構造改革と軌を一にしたものであり,「選択の自由」と「結果の自己責任」を原則とする**新自由主義的教育改革**とみることができる。他方,公立学校・公教育への国民の不信感,学力低下,社会全体の公共心や規範意識の低下を背景として,道徳教育の教科化や愛国心教育強調の必要性が議論され,そのような教育内容に関しては規制を強化すべきだとする**新保守主義的教育改革**の動向もあった。この二つの一見相容れないかのような教育改革ではあるが,1971年のいわゆる四六答申,1980年代後半の臨教審答申以来の教育改革の集大成であり,2006年の教育基本法改正で完結したとみられる[6]。

⑨ **第7次改訂:小学校・中学校2008(平成20)年,高等学校・特別支援学校2009(平成21)年**

2006年12月,教育基本法の全部改正が成立,同月施行された。改正のうち,教育課程にかかわりが最も深いものは,第2条で教育の目標が5項目定められたことである。新たに,「公共の精神」「社会に参画する態度」「生命と自然の尊重」「環境保全」「伝統と文化の尊重」「我が国と郷土を愛するとともに,他国を尊重し,国際社会の平和と発展に寄与する態度」などが規定された。また,第5条で義務教育の目的を規定し,第6条では学校教育の役割や児童生徒の学習規律,学習意欲に関することが規定されるなどし,中央教育審議会教育課程部会における学習指導要領改訂作業の前提となった。

学校教育法も2007年に一部改正され,第21条で義務教育の目標が10項目掲げられた。さらに,第30条で学力観・学習指導観が規定された。そこでは,**知識・技能とそれらを活用して課題を解決するために必要な思考力・判断力・表現力など,ならびに学習意欲が学力として定義された**。このように学力とは何かが法律として規定されたことの意味は重い。

これらの法改正とともに,国際的な学力テストの結果がその後の学習指導要領に大きな影響を与えた。とりわけ,経済開発協力機構(OECD)が実施する**学習到達度調査(PISA)**の2003年調査結果では,読解力の順位の低さ(14位)が話題を呼んだ。内容的にみて,応用力・活用力に課題があり,自由記述の無答率が高く学力格差が顕在化したことが重要であった。2006年調査結果でも

改善はみられず，むしろ低下傾向および格差拡大傾向が明らかとなった。PISA 調査は，OECD による「**知識基盤社会**」の次代を担う子どもたちに必要な能力として定義した「**主要能力**（キーコンピテンシー）」を概念枠組みとするものである。そこで計測されている学力とは，①社会・文化的，技術的ツールを相互作用的に活用する力，②多様な社会グループにおける人間関係形成能力，③自律的に行動する能力，と文部科学省では分析している。

文部科学省では，2007 年 4 月に小学校第 6 学年および中学校第 3 学年を対象に，国語，算数・数学の学力および生活習慣・学習習慣について**全国学力・学習状況調査**（いわゆる全国学力テスト）を実施した。そこでも，PISA と同様に，知識の習得を問う問題（A 問題）では約 8 割の正答率であったのに対して，知識の活用を問う問題（B 問題）では約 6 割の正答率にとどまった。

以上の法改正および学力調査の結果をふまえ，中教審は 2008 年 1 月，「**幼稚園，小学校，中学校，高等学校及び特別支援学校の学習指導要領等の改善について**」を答申し，第 7 次学習指導要領改訂版が告示された。

答申では，「**生きる力**」についてはその理念が引き継がれた。新たな知識・技術・情報がますます重要となる「知識基盤社会」の時代には，「生きる力」が必要と考えられるからである。また，教育基本法・学校教育法が定義した学力は①基礎的・基本的な知識・技能の習得，②知識・技能を活用して課題を解決するために必要な思考力，判断力，表現力等，③学習意欲の 3 要素からなると確認された。そして，「生きる力」という理念の共有を図るとともに，知識・技能の活用に必要な授業時数の確保，学習習慣の確立，豊かな心や健やかな体の育成のための指導の充実が掲げられた。

この答申をふまえ，第 7 次改訂が行われたが，全国学力テストにおける B 問題で問われた「活用」が最も重要な改訂となったといえるだろう。そこで，第 7 次改訂のキーワードは**教育の活用化**とすることができる。主な改訂のポイントは以下のとおりである。

教育課程の枠組みの面からみれば，学校週 5 日制を維持しながら，小学校の 6 学年合計で 350 時間程度，中学校の 3 学年合計で 400 時間程度の授業時数増

となった。これにより，つまずきやすい内容の繰り返し学習や，「活用」にかかわる学習活動（観察・実験，レポート作成などの活動）に十分な時間を割いて充実を図ろうとするものである。また，小学校高学年に「外国語活動」(週1コマ)が新設された。その一方で，「総合的な学習の時間」および中学校の選択教科の時数は縮減された。ただし，選択教科については標準授業時数の枠外で各学校の判断で開設できることとなった。高等学校においては，卒業までに修得させる単位数は従来の74単位以上を維持する一方で，週あたり授業時数（全日制）は標準の30単位時間を超えて授業ができることとなった。

　教育内容の面では，次の6項目が重要なポイントとなった。第一に，各教科等における**言語活動の充実**である。国語科では，知的活動やコミュニケーション，感性・情緒の基盤としての言語能力を育むことが重視された。各教科等においては，レポートの作成や論述といった言語活動を指導計画に位置づけることが求められた。第二に，**理数教育の充実**である。「知識基盤社会」において，国際的に通用する次代を担う科学技術系人材の育成がめざされ，基礎・基本の繰り返し学習による確実な定着，観察・実験およびその結果を表現する言語活動による科学的思考力などの育成，内容の系統性を確保した小中高の円滑な接続が図られた。第三に，**伝統や文化に関する教育の充実**である。グローバリゼーションのなかで，自らの国や文化についての理解を深め，尊重する態度を身につけさせようというものである。国語科では，小学校の低・中学年から古典の暗唱や古典文学にふれさせるようになった。また，社会科では歴史学習の充実が図られ，音楽科などでは，唱歌，和楽器，日本の美術文化，伝統的な生活文化，武道の指導の充実が図られた。第四に，**道徳教育の充実**である。基本的生活習慣と最低限の規範意識の確立，自他の生命の尊重，自尊感情や他人への思いやりなどの道徳性を養い，それらを基盤として，法やルールの意義およびその遵守の意味を理解し，主体的に判断・行動できる人間の育成が図られた。第五に，**体験活動の充実**である。特別活動や総合的な学習の時間における体験活動の一層の充実が図られるとともに，各教科等においても，学習の深化や主体的な学習態度を獲得するための方法として位置づけられた。第六に，**小

学校段階における**外国語活動の導入**である。これは，小学校高学年で週一コマ程度とし，教科とは位置づけられない。グローバリゼーションが急速に進展し，異文化共存・国際協力や人材育成の国際競争に対応するため，外国語教育の充実が必要であり，中高の外国語教育の基礎とするねらいがあった。

また，社会の変化への対応の観点から，「情報教育」「環境教育」「ものづくり」「キャリア教育」「食育」「安全教育」「心身の成長発達についての正しい理解」の7点が，教科等を横断して改善される事項として盛り込まれた。

2015（平成27）年3月には，学校教育法施行規則が改正され，小学校および中学校の教育課程の領域であった「道徳」が「特別の教科である道徳」に改められた。同時に，小学校と中学校の学習指導要領で**特別の教科 道徳**と改訂され，教科書の検定を経て，2018年度から小学校で，2019年度から中学校で完全実施されることになった。「特別」であるのは，道徳教育においては数値による評価はなじまないこと，学級担任が担当し，専科教員はおかれないためである。したがって，道徳の教員免許が新設される計画はない。「特別の教科 道徳」では，「考え，議論する」道徳の授業への転換を図ることがめざされている。ただし，道徳教育を一教科に閉じ込める意図はなく，各教科等で「学びに向かう力，人間性等」を育てることで道徳性を養うこととされている。

後述の2016年中教審答申では，道徳教育で育むべき「見方・考え方」とは，「様々な事象を，道徳的諸価値の理解を基に自己との関わりで（広い視野から）多面的・多角的に捉え，自己の（人間としての）生き方について考えること」（括弧内は中学校のみ）とされた。つまり，道徳的諸価値の理解にとどまりがちであった従来の「道徳の時間」からの転換が求められている。しかしながら，初回の検定教科書は従来の副教材を踏襲したものと評価されることが多く，求められる転換は現場教員の授業力にかかっているといわざるをえない。また，教科書内容の押しつけや徳目主義に陥らないように十分配慮しながら，児童生徒には批判的思考を促して自己と向き合い，生き方を考える機会とできるかが重要となるだろう。さらに，「見方・考え方」は個人の内面に向かうばかりであるが，他者とのかかわりをとらえたり，多元的価値にもとづく他者尊重の精神が育ま

れたりするように，十分留意される必要がある。

4 高大接続改革

　2016（平成28）年3月，文部科学省の調査研究協力者会議の一つである高大接続システム改革会議が「最終報告」を公表し，「高等学校教育」「大学教育」「大学入学者選抜」の一体的改革が提言された。すなわち，学習指導要領第7次改訂が前提とした改正教育基本法・学校教育法が規定する**学力の3要素**（知識・技能，思考力・判断力・表現力等，学習意欲）の伸長を促すためには，上記3点の抜本的改革が必要とされるというものである(7)。その社会的背景には，日本の未来予測における**少子高齢化**の進行がある。総務省によると，2030年には総人口の3割が65歳以上の高齢者となり，2065年には総人口8000万人，うち4割が高齢者となるとともに，15歳以上65歳未満の生産年齢人口は減りつづけていくことが予測されている。すでに，2010年代においても人手不足が急速に進行し，人口構造の大きな変動期にある。日本社会の維持・発展を考えるならば，少ない人数でもより生産性の高い仕事ができる人材を養成すること，人工知能（AI）やロボットの開発によって人間の労働に代替させること，外国からの労働者受け入れを拡大することなどの解決策が考えられる。いずれにしても，予測不可能な社会に生きるために必要な資質・能力の育成は，これまでの学校教育のあり方を抜本的に改革しなければならないと考えられた。

　そして，将来の日本社会を担う次世代には，どんな資質・能力が必要となるか，そのような資質・能力をふまえた教育内容とは何か，そのような教育内容はどのように学ばれるべきなのか。その答えが**高大接続改革**であり，それと一体に行われる高等学校と大学の教育改革であった。高等学校教育に関しては，学力の3要素をふまえた指導が十分浸透しておらず，大学入試では，知識の習得度に偏った評価と一部のAO入試などでの「学力不問」と批判されるような評価が並存し，大学教育でも知識の伝達にとどまって学生に社会力を身につけさせていないと批判された。

　高等学校の教育課程に関しては，育成をめざす**資質・能力**をふまえた学習指

導要領の抜本的見直しと**カリキュラム・マネジメント**の普及・促進が提言された。また，**アクティブ・ラーニング**の視点からの授業改善が求められ，そうした改善を担う教員の養成・採用・研修の見直しが合わせて提言された。さらに，学習評価の改善のため，**多面的な評価**の充実が提言された。

以上のような高等学校の改革を進めるにあたって，大学への接続（入試）を改革しなければ実現は望めないことから，学力の3要素を多面的に評価するような入試制度への改革が同時に行われることになった。しかも，入試改革は喫緊の課題であるとして，学習指導要領の改訂を待たずに制度設計に着手された。

5 第8次改訂の方向性

中教審は2016（平成28）年12月，「**幼稚園，小学校，中学校，高等学校及び特別支援学校の学習指導要領等の改善及び必要な方策等について**」を答申し，これにもとづいて第8次改訂が，小学校・中学校については2017（平成29）年，高等学校および特別支援学校については2018（平成30）年に告示された。ここでは同答申の内容から，まず第8次改訂の方向性から考察してみよう。

答申では，第1章で過去の学習指導要領改訂の経緯と子どもたちの現状が分析されている。子どもたちの学力は改善傾向にあるとしながらも，判断力や読解力には課題があると指摘されるとともに，家庭や障害など個別の教育的ニーズに対応して一人ひとりの可能性を伸ばすことにも課題があるとされた。続けて第2章では2030年の社会を予測困難な時代になると想定し，とりわけ第4次産業革命ともいわれるAIやIoTが社会や生活を大きく変えると想定している。そのなかで人間が人間らしく生きるために必要であるのは「生きる力」であると力説されている。つまり，従来からの「生きる力」の理念を引き続き維持していこうとする改訂の基本的な方向性がある。したがって，改訂の視点として，新しい時代に必要となる資質・能力の育成（**何ができるようになるか**）には，①**知識・技能の習得**，②**思考力・判断力・表現力等の育成**，③**学びに向かう力，人間性等の涵養**が掲げられた。また，教科・科目の見直し（**何を学ぶのか**）が提

言された。さらに、「**主体的・対話的で深い学び**（アクティブ・ラーニング）」への学習方法の転換（どのように学ぶか）が掲げられた。

　第3章では、学校教育を通じて育てたい姿として以下の3項目が示された[8]。

① 　社会的・職業的に自立した人間として、我が国や郷土が育んできた伝統や文化に立脚した広い視野を持ち、理想を実現しようとする高い志や意欲を持って、主体的に学びに向かい、必要な情報を判断し、自ら知識を深めて個性や能力を伸ばし、人生を切り拓いていくことができること。

② 　対話や議論を通じて、自分の考えを根拠とともに伝えるとともに、他者の考えを理解し、自分の考えを広げ深めたり、集団としての考えを発展させたり、他者への思いやりを持って多様な人々と協働したりしていくことができること。

③ 　変化の激しい社会の中でも、感性を豊かに働かせながら、よりよい人生や社会の在り方を考え、試行錯誤しながら問題を発見・解決し、新たな価値を創造していくとともに、新たな問題の発見・解決につなげていくことができること。

　①〜③の各文は、長すぎる悪文ではあるが、第5次改訂における「新しい学力観」に始まり、第6次改訂における「生きる力」を経て、より明確にするために研ぎ澄まされてきたものであり、まったく無駄のない表現であるともいえる。その意味で、すべての教職者が共有すべききわめて重要な文章である。①では、子どもに対して、社会人・職業人としての自立をめざし、意欲的・主体的に学習に取り組み、情報の判断力や個性・能力を高めるように求めている。また、愛国心・郷土愛が育まれるように期待されている。以上は従来の教育指針を明確化させたものといえる。ただし、自らの人生を切り拓くということが、新たに加わった。社会や国家に貢献できる有為な人材づくりが強調されてきた日本の教育政策にあって、自らの人生のために学ぶという理念が付け加えられたことは意義深い。②では、多様な他者と協働できるようになることをめざし、そのために必要な表現力・理解力・思考力を備えるように求められている。

「他者への思いやり」という表現のなかに，異質な他者への寛容性を積極的に見いだすこともできるであろう。政治的な緊張を背景として明言は避けられているが，いずれ日本社会に外国出身または外国にルーツをもつ人々が多く定住するようになれば（移民社会化），多文化社会に生きるための資質・能力としてさらに重要になるであろう。③では，豊かな感性を備え，よりよい人生と社会のあり方の実現のために，問題解決能力と価値創造力を高めるように求められている。ここにおいても，自らの人生と社会貢献が並置されており，新たな理念としてとらえられる。

6 主体的・対話的で深い学び

上述のように，第8次改訂では学習指導や授業のあり方の改善が求められている。すなわち，「**どのように学ぶか**」という観点である。「どのように教えるか」ではなくなったことに，そもそも大きな転換があることに気づかなければならないだろう。教育基本法改正の議論から高大接続改革につながる議論のなかで，「**アクティブ・ラーニング（AL）**」が盛んに啓蒙されるようになった。ALは，多くの大学における授業改善で実践され，入試改革方針の公表に合わせて高等学校における先進的な取り組みにつながってきた。ただし，2014年下村文部科学大臣による中教審への諮問のなかで，ALが「課題の発見と解決に向けて主体的・協働的に学ぶ学習」と表現されたことで，ALとは探求学習であると狭くとらえる傾向が生じてしまった。しかし，2012年の中教審答申「新たな未来を築くための大学教育の質的転換に向けて」においては，「教員による一方向的な講義形式の教育とは異なり，学修者の能動的な学修への参加を取り入れた教授・学習法の総称」とされていたものであり，本来はかなり広い意味でとらえられるべきであろう[9]。2016年12月の中教審答申では，広い意味でのALを表す用語として「**主体的・対話的な深い学び**」が示された。いくつかの大学における失敗例にみられるように，形式的に活動的な授業を進めるだけになると，簡単に形骸化する危険がある。そこで，ALについて教職者は深く追究して取り組むべきと考えられる。

中教審答申では,「主体的・対話的な深い学び」とは,「学校教育における質の高い学びを実現し,学習内容を深く理解し,資質・能力を身につけ,生涯にわたって能動的(アクティブ)に学び続けるようにすること」[10]であると定義された。一言でいうと,アクティブに学び続ける人(アクティブ・ラーナー)になるための学びであり,単なるAL型授業の方法の導入ではないことがわかる。そして,「主体的な学び」「対話的な学び」「深い学び」とは何かについても答申では言及されている。「**主体的な学び**」では,一人ひとりの子どもが学びの主体として尊重されることが求められる。「主体的に学びなさい」と指示することは,すでにそのことで主体性が尊重されているとはいえず,指導者としては厄介ではある。それでも,主体性が発揮できるよう,興味・関心を呼び起こす仕掛けや,自己の人生にとって学びがどう意味づけられるのかを認識させる教材の示し方,自己の学習活動の振り返りを促す機会の提供など,さまざまに工夫する必要がある。「**対話的な学び**」では,他者との対話によって主体的に学んだ内容を共有したり,他者の考えと自己の考えを比較したりする学習活動が行われる。そのことによって,自己の学習内容や思考・判断を相対化してとらえ直すことができる。対話の状況は,グループ学習で児童生徒どうしで討論する場合,学級の全体学習で教職員と問答する場合がある。義務教育学校では,異学年交流の場で9年生(中学3年生に相当)が6年生以下の児童に発表したり,指導したりする取り組みもみられる。また,学校外部の地域の人々との交流の状況もある。さらには,直接的な対面状況ばかりでなく,読書によって作者・筆者と向き合うことも対話的学習状況に含まれる。つまり,話し合うことだけで「対話的」になるのではなく,何らかのかたちで他者の考えに向き合い,自己の考えを広げ深めることにつなげる学習が重要である。「**深い学び**」では,「主体的な学び」と「対話的な学び」における知識・技能の習得・活用・探究を経て,自分自身がどのように高まったのかを認識できることが重要である。そのために,学習指導要領では各教科等の特質に応じた「見方・考え方」が明示されることになった。「見方・考え方」とは,各教科等を学ぶ本質的な意義の中核をなすものであり,「新しい知識・技能を既に持っている知識・技能と

結びつけながら深く理解し，社会の中で生きて働くものとして習得したり，思考力・判断力・表現力を豊かなものとしたり，社会や世界にどのように関わるかの視座を形成したりするために重要」とされている。したがって，学びの過程を経たあとも児童生徒が「見方・考え方」を働かせながら問題解決を図ったり，創造性を発揮したりできるような指導がめざされる。

　強調されるべきは，「主体的・対話的で深い学び」とは単なる探究学習では決してないということである。本来，知識・技能の習得・活用があったうえで，探究的な局面に展開する場合もあるのである。答申でも，着実な習得の学習を経たうえで，ALを展開することができるとされている。市川伸一は「教えて考えさせる授業」を提案する[11]。すなわち，授業の展開をまず「教師の説明」から始め，「理解確認（自分自身の理解の程度を確かめる）」「理解深化（問題解決や討論で理解を深める）」「自己評価（振り返り）」と展開させる習得のサイクルが基本となる。さらに加えて，探究のサイクルとして，習得した知識に関して，「課題設定」「計画」「実施」「考察」「発表」「討論」へと展開させるのである。このように，まず習得させることから始めて，能動的な学習活動へと展開できるように道筋をつけるのが教師の役割と考えられる。

❼「社会に開かれた教育課程」の実現

　答申の第4章では，これからの学校は社会や地域とのつながりを意識して積極的に開かれていくべきであり，そのためには教育課程も社会に開かれていくべきであると論じられた。その目的は「子どもたちの日々の充実した生活を実現し，未来の創造をめざしていくため」と表現されている。その前の第3章では，学校と地域が教育課題の認識を共有していくために，コミュニティ・スクールや地域学校協働活動の推進が提言されており，社会の変化を授業に結びつけていくためにも重要であると指摘された。子どもたちも社会の一員であり，その日々の生活の場面は，学校でもあり社会でもある。学校と社会が連携・協働することで充実した生活を実現させていくことが必要と考えられるのである。このような教育課程の理念が「社会に開かれた教育課程」と称された。

答申では，次の３点が重要であると指摘されている[12]。

① 社会や世界の状況を幅広く視野に入れ，よりよい学校教育を通じてよりよい社会を創るという目標を持ち，教育課程を介してその目標を社会と共有していくこと。

② これからの社会を創り出していく子供たちが，社会や世界に向き合い関わり合い，自らの人生を切り拓いていくために求められる資質・能力とは何かを，教育課程において明確化し育んでいくこと。

③ 教育課程の実施に当たって，地域の人的・物的資源を活用したり，放課後や土曜日等を活用した社会教育との連携を図ったりし，学校教育を学校内に閉じずに，そのめざすところを社会と共有・連携しながら実現させること。

①〜③の各文とも述語に対応する主語が示されておらず，明確でないところがあるが，教育課程を編成するのは各学校であることから，主体は学校としてとらえられる。学校は，社会と教育課程の目標を共有し，社会の未来のための資質・能力とは何かを教育課程で明確化し，教育課程の実施に地域資源の活用や連携を図ることに取り組まなければならないということになる。

8 カリキュラム・マネジメントの課題

上述のように，国が示した最低基準である学習指導要領に従い，地域や学校の実態，子どもたちの心身の発達の段階や特性を考慮した教育課程を各学校は編成しなければならない。創意工夫を生かす裁量と責任が与えられている。このような現場主義の重視は，その教育の結果に対する責任を各学校に求めるものであり，各学校の成果を点検・評価し，さらなる改善につなげる必要がある。この一連の過程を，PDCAサイクル（Plan-Do-Check-Action）と呼ぶ。この考え方が初めて教育政策で述べられたのは「教育振興基本計画」(2008年7月)であった。そこでは，達成する成果（アウトカム）を指標とした評価方法への改善を図る必要があるとされた。教育課程に関していえば，各学校は，教育課程を編成し(P)，学校教育活動を実施し(D)，全国学力・学習状況調査や学校評価により

成果を測定・評価し(C)，教育課程を改善する(A)という循環する営みである。

　このような過程全体をさす用語「**カリキュラム・マネジメント**」が第8次改訂で初めて学習指導要領の総則に登場した。小学校版では，「各学校においては，児童や学校，地域の実態を適切に把握し，教育の目的や目標の実現に必要な教育の内容等を教科等横断的な視点で組み立てていくこと，教育課程の実施状況を評価してその改善を図っていくこと，教育課程の実施に必要な人的または物的な体制を確保するとともにその改善を図っていくことなどを通して，教育課程に基づき組織的かつ計画的に各学校の教育活動の質の向上を図っていくこと（以下，「カリキュラム・マネジメント」）に努めるものとする。」長文に過ぎるが，教育内容の組み立て(P)，教育課程の実施(D)，その評価(C)，評価をふまえた改善(A)というPDCAサイクルを読み取ることができる。

　学校教育課程全体をマネジメントすることは，教育基本法第6条の規定（学校においては，教育の目標が達成されるよう，教育を受ける者の心身の発達に応じて，体系的な教育が組織的に行われなければならない）にその根拠が求められる。また，学校教育法などのほかの法規定も，教育目標の達成に関連している。つまり，カリキュラム・マネジメントとは「教育課程の編成・実施・評価・改善を学校全体で組織的に運用すること」であり，「学校の教育目標を達成する」ことができるようにすることがその意義といえる。

　ところで，カリキュラム・マネジメントで最も困難だといわれているのは，カリキュラム評価をどのようにして改善に結びつけるかである。従来，教育課程の編成と実施のみを繰り返してきた教育現場には，カリキュラム評価および評価結果にもとづく改善はなかなか根付きにくいのが実情であった。「学校評価」に関しては，2007年の学校教育法改正で規定されたところで，その一環としてカリキュラム評価の実施が拡大したが，十分な成果が表れなかった。カリキュラムの最終評価は，「教育課程を通じて学校の教育目標を達成できたか」で行われるべきであろう。ただし，その評価を行う場合には，さまざまな観点からのより詳細な指標に基づく評価計画が構築されている必要がある。また，どのように評価されるかは，教育課程を計画する段階から示されていなければ

ならない。したがって，教育課程編成に先立ってカリキュラム評価が行われる必要性や，評価計画を当初から含む教育課程編成の必要性など種々の議論がある[13]。

　答申では，「社会に開かれた教育課程」として家庭・地域と連携・協働し，カリキュラム・マネジメントのプロセスに反映させるために，「学びの地図」としての学習指導要領の枠組みを以下の6項目に整理した[14]。①「何ができるようになるか」(育成をめざす資質・能力)，②「何を学ぶか」(教科等を学ぶ意義と，教科等間・学校段階間のつながりをふまえた教育課程の編成)，③「どのように学ぶか」(各教科等の指導計画の作成と実施，学習・指導の改善・充実)，④「子供一人一人の発達をどのように支援するか」(子供の発達をふまえた指導)，⑤「何が身に付いたか」(学習評価の充実)，⑥「実施するために何が必要か」(学習指導要領等の理念を実現するために必要な方策)。この「学びの地図」からみれば，カリキュラム評価を行うにあたっては，児童生徒の学びの成果を各教科別に並べて評価するだけでは不十分であるとわかる。学校全体で教科横断的にすべての教職員が，①育成をめざす資質・能力，②教育課程の構造，③ ALの考え方などについて理解を深めることが求められる。その前提の上に立って，④発達段階に応じた指導のあり方を各教科間で共有し，⑤学習評価法を確立し，⑥実施に必要な人的・物的資源の活用を計画することが求められ，それらが適切に実施されたかどうかがカリキュラム評価の観点となる。

❾ 教育内容でみる第8次改訂の要点：「何を学ぶか」の視点

　教育内容について，すわなち「何を学ぶか」についての改訂もその要点を整理してみよう。第4次と第5次の改訂では「教育内容の精選」，第6次改訂では「教育内容の厳選」として教育内容の削減が行われ，第7次改訂では「教育内容の充実」として削減に歯止めがかかったところであったが，第8次改訂では答申で「学びの質と量を重視する」とされ，学習内容の削減は適当でないとも明言された。質の面では，小学校から高等学校までの一貫性が重視され，それぞれの学校種間の円滑な接続が図られることになった。

まず，小学校では，**言語能力の育成**が掲げられた。国語科では，目的や意図に応じて情報を整理して文章にすることや文章全体の構成や表現の工夫をとらえることに課題があるという全国学力テストの結果をふまえ，指導の充実・改善が図られた。とくに，低学年で語彙力を伸ばすことが重視されている。また，外国語教育に関しては，小中高の一貫化を企図し，読む・聞く・話す・書くの4技能を学ぶための**教科型の外国語教育**（外国語科）を高学年に導入し年間70単位時間とした。さらに，従来の「**外国語活動**」は中学年に開設し，年間35単位時間とした。**プログラミング教育**が導入されたのも特色である。独立の教科はおかれず，さまざまな教科と関連させてプログラミング的思考を育むこととなった。

つぎに，小学校・中学校に共通することとして，総則において「**教科等横断的な視点に立った資質・能力の育成**」の項目が立ったことがあげられる。そこでは，教科横断的な教育課程編成を行うことと，現代的な諸課題に対応して求められる資質・能力を，教科等横断的な視点で育成していくことが求められている。また，東日本大震災の教訓をふまえ，学校における**防災安全教育**が盛り込まれた。さらに，18歳への選挙権引き下げを受けて，**主権者教育**が社会科を中心として，特別活動や総合的な学習の時間とも連携して推進されることになった。なお，2010年から導入されているインクルーシブ教育については引き続き「特別な配慮を必要とする児童生徒への指導」のなかで明記された。

2016年4月学校教育法一部改正によって設置された小中の一貫教育を行う義務教育学校に関しては，前期6年間は小学校，後期3年間は中学校の学習指導要領が準用されることとされた。

高等学校では，まず，国語科・外国語科・地理歴史科の科目が一新された。国語科では必履修科目として「現代の国語」と「言語文化」が新設された。「現代文」「古典」の科目名はなくなり，「論理国語」「文学国語」「国語表現」「古典探究」の4科目に再編された。外国語科では，4技能を総合的に扱う科目群として「英語コミュニケーションⅠ・Ⅱ・Ⅲ」が設定され，Ⅰが共通必履修科目とされた。また，外国語による発信能力を高める科目群として「論理・表現Ⅰ・

Ⅱ・Ⅲ」が設定された。地理歴史科では，世界史必修が見直されて，世界と日本の近現代史を扱う「歴史総合」と，持続可能な社会づくりや現代の地理的諸課題を扱う「地理総合」の2科目が設定され必履修となった。加えて，「日本史探究」「世界史探究」「地理探究」の各科目が選択科目として新設された。

つぎに，公民科では，国家社会に主体的に参画する力を扱う「公共」が新設されて必履修科目となった。また，選択科目に「倫理」「政治・経済」が設定された。数学では，統計学習を充実させるため「数学C」が新設された。スーパーサイエンスハイスクールにおける課題研究が発展し，数理横断的なテーマに徹底的に探究させる教科「理数」が新設され，「理数探究基礎」「理数探究」が選択科目としておかれることになった。それに伴い，理科の「理科課題研究」は廃止となった。家庭科では「生活デザイン」が廃止となった。一般教科情報では，「情報Ⅰ」「情報Ⅱ」が新設されてⅠが必履修となった。「総合的な学習の時間」は中学校までの学習活動との差別化を図るため，名称を「総合的な探究の時間」に変更された。

（森下　稔）

第2節　学習指導

学習指導とは，児童生徒が経験にもとづいて起こす認識や行動の変容過程であり，児童生徒が学習指導によって「わかる」とは「変わる」ということであるといわれている。そして学習指導は，右記図2-1のように，「児童生徒→教材→教師」の三要素（学習のトライアングル）で成立する。

このように学習指導は，児童生徒が教材と取り組んで学習するように教

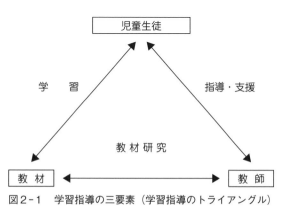

図2-1　学習指導の三要素（学習指導のトライアングル）

が指導・支援する教育方法上の一機能である。さらに，このような学習指導は，学校教育で行われる生徒指導に対して，各教科の教材を中心として，児童生徒の「学力」形成をめざした意図的・計画的な教育活動なのである。

以下，学習指導を検討する前に「学力」の概念について明らかにし，学習指導の意義，原理，類型について述べていく。

■1 学習指導の意義―「学力」とのかかわりにおいて

デューイ（Dewey, J.）は，「教育とは，自然や仲間に対する知的，情緒的な基本的性向の形成過程である」(15)と述べている。このことから，教育活動とは，人間の知的・情意的な両側面を含めた人間形成過程であるといえる。したがって，「学力」というものが，学校教育の教育活動プロセスで形成されるものであると前提するならば，**「学力」とは，人間が学校教育という後天的な学習により，知的理解という認識の諸能力を形成すると同時に，人間の情緒的・内面的な人格までをも含む人間形成にかかわる全領域の能力である。**

このような「学力」とのかかわりにおいて学習指導の意義を考えるならば，学習指導における「学力」育成とは，次のようなことであるといえる。

従来，学習指導における「学力」育成の基準として推し量られてきたものは，数値化された知能，つまり「IQ（Intelligence Quotient：知能指数）」偏重の傾向にあった。しかし，人間が物事を思考し判断する根底には，感情の揺らぎがあり，この感情にもとづきわれわれは思考し行動に至る。

このように考えるならば，「学力」とは，①「**見える学力**（数値で判断する量的知識）」としての「IQ」，②「**見える学力**」としての「IQ」を支えている「**見えない学力**（感性や感情という質的知識）」としての「EQ（Emotional Quotient）」の両側面を含むものであるといえる。つまり，このことは，1989年に米国イエール大学のピーター・サロベイとニューハンプシャー大学のジョン・メイヤーによって発表された「EQ」理論，すなわち「感情の知能指数」（「心の知能指数」）が「見える学力」としての「IQ」を支えているということである。

このことは，梶田叡一の「学力論（学力とは何か）：氷山学力モデル」にもと

第2節　学習指導　*73*

づけば、「確かな学力」とは、感性や興味・関心である「見えない学力」と知識・技能としての「見える学力」が、往復的働きを積み重ねてできるものであり、「学力」とは多面的に理解する必要があるということである[16]。

したがって、学習指導でめざされるべき「学力」育成とは、上述した「IQ」としての「**見える学力（数値で判断する量的知識）**」と「EQ」としての「**見えない学力（感性や感情という質的知識）**」の両側面が育成されることであるといえる。このように、「見える学力」としての「IQ」を支え育てる「見えない学力」としての「EQ」が育成されることにより、人間として豊かで確かな「学力」が形成されていくのである。このことは、下記図2-2のように示すことができるものと考える。

さらには、このような「見える学力」としての「IQ」を支え育てる「見えない学力」としての「EQ」を育成することが、**新学習指導要領で示された**「**アクティブ・ラーニング（Active Learning）**」であるといえる。つまり「アクティブ・ラーニング」の根底には、上述した人間の感情モーターにもとづく思考回路が生まれ、内面から生成される多様な知識（IQ）を獲得していくものがある。

さらには、「見える学力」としての「IQ」と「見えない学力」としての「EQ」が融合された学力を育成していくことは、多様な生き方を認め受け入れ、**共生社会の構築をめざす**「**インクルーシブ教育**」をも可能にしていくことができると考えられる。

以上のようなことから、「学力」育成とのかかわりにおいて、**学習指導とは、**「**IQ**」**としての**「**見える学力（数値で判断する量的知**

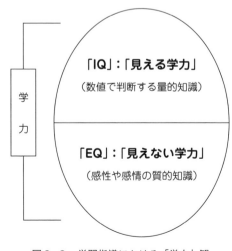

図2-2　学習指導における「学力」観

識）」と「EQ」としての「見えない学力（感性や感情という質的知識）」の両側面が育成されることであるといえる。

2 学習指導の原理

　学習指導を実際に展開するにあたり，上記のような「学力」を養うためには，学習指導を支えている原理がある。つまり，学習指導のよりどころとなる原理にもとづき，教師は児童生徒に働きかけ学習が成立するのである。このような学習指導の原理として，以下の五つを掲げることができる。

(1) 自発性（自己活動）の原理

　学習は，児童生徒の自発的な学習に対する気持ち（学習意欲や関心）がなければ成立しない。つまり，学習は，児童生徒が学習意欲をもち自発的に自己活動を展開したときに初めて成立するものであるといえる。このことは，従来，教授学において，**ルソー**（Rousseau, J. J.）や**ペスタロッチ**（Pestalozzi, J. H.），デューイ以来，主張されてきたことである。つまり，**ルソーは，子どもに学びたいという気持ちを起こさせることが教育の有効な方法である**[17]と述べ，また，**ペスタロッチも教育を展開する過程において重要なことは，人間の能力を内部から発達させることである**という意味のことを述べている。さらに，**デューイは「馬を水辺に連れていくことはできるが，馬に水を飲ませることはできない」**[18]ということを述べている。すなわち，このことは，内部からの自発性や自己活動がないかぎり物事は成立せず，また，学習も成立しないということである。したがって，学習指導の原理として「自発性（自己活動）の原理」があげられる。

(2) 興味の原理

　上述した児童生徒の自発性や自己活動を喚起し，また，学習への持続性や発展性を内面的に支えるものとして興味が必要である。デューイによれば，**興味とは行為しようとする方向性と自我が同一であることを認識するものであり，成長方向にあるところのものである**という[19]。さらに，**興味とは，能動的発**

展のすべての状態であり，個人的な情緒的傾向であると説明している[20]。ゆえに，興味なしでは，自発性や自己活動も成立することができないといえる。したがって，学習指導の原理として「興味の原理」があげられる。

(3) 個性化の原理

学習において児童生徒が何かに興味をもっているということは，そこに自分自身を見いだしているということである[21]。つまり，学習成立には，児童生徒が，自ら興味をもち自発的に学習活動を展開する過程において，自己を見いだし自己を個性化する過程が必要であるといえる。このような過程で，自己の価値観を見いだし自己をかけがえのない一人の個性ある人間としていくことができる意味において，学習の原理として「個性化の原理」があげられる。

個性化を図る方法としては，**パーカースト**（Parkhurst, H.）によって考案された「**ドルトン・プラン**（子どもの主体性と個性を尊重した学習プラン）」や**ヴォッシュバーン**（Washburne, C. W.）によって考案された「**ウィネトカ・プラン**」（個別化されたカリキュラムを用い個別指導を徹底した学習プラン）」などがある。

(4) 経験の原理

現代社会において，知識偏重による学校教育のあり方が指摘され，生活と学習との遊離や乖離が問題となっている。つまり，学校教育では，子どもたちに彼らの生活経験から遊離した知識のみが注入されている傾向にあるといえる。このようなことが，現在の学校教育において多発する問題行動の要因であると指摘されている。したがって，学習の原理として「経験の原理」があげられる。このことについて，デューイは「**教育とは，経験の意味を増し，その後の経験の進路を導く能力を高めるところの経験の改造，または経験の再構成である**」[22]と述べている。

(5) 社会化の原理

教育とは，社会的機能であり，子どもたちを社会的集団生活に参加させるこ

とによって発達させることである[23]。つまり，学習活動には，社会的要因となる個々人の諸観念・諸感情を喚起させ，連続的に諸能力を形成させるものがあるとデューイが述べているところのものである[24]。すなわち，子どもたちの認識の発達は，個人内では発達不可能であり，社会的要因に働きかけ，また社会から働きかけられる相互作用の過程をとおして，諸々の法則性や関係性を自己のものとして取り入れながら成長していくのである。この意味において，社会的要因は，学習活動において認識の指導性をもつものといえる。したがって，学習の原理として「社会化の原理」があげられる。

　以上のような学習指導の原理にもとづいて展開される学習活動の過程で，子どもたちは成長・発達していくのである。

▣ 3　学習指導の類型

　これまで，児童生徒に豊かで確かな「学力」を育むために，さまざまな学習指導（教授理論）の類型が検討されてきた。その主なものとして次のようなものがあげられる。

(1) 系統学習

　系統学習とは，習得すべき内容を一定の科学的知識の論理体系に配列し，この配列された科学的知識の系統にもとづいて，子どもに確実に習得させようとする学習指導の形態・方法のことである。この系統学習の理論には，**ヘルバルト**（Herbart, J. F.）が考案した「明瞭→連合→系統→方法」という4段階教授法，さらにはヘルバルト学派の**ツィラー**（Ziller, T.）や**ライン**（Rein, W.）の考案した「予備→提示→比較→概括→応用」という5段階の学習プロセスがある。しかし，この系統学習には，科学的論理体系にもとづいた一定の学習すべき内容を教師が一方的に導く傾向にあるため，学習に対する子どもの興味や関心に欠け注入主義に陥りやすいという傾向がある。

(2) 問題解決学習

　問題解決学習とは，経験主義教育思想の理論を背景に，子どもの生活経験から導かれる興味や関心にもとづき，子ども自ら問題や課題を設定し主体的に，そして，探究的に学習活動の展開をめざすものであり，このような学習過程において，子ども自ら必要な知識や技術を習得させようとする学習指導の形態・方法である。したがって，このような問題解決学習は，系統学習とは相異なる学習指導過程となる。この問題解決学習では，デューイが考案した「暗示→知性化→仮説→推理→検証」という5段階の問題解決過程によって学習活動が展開される。しかし，この問題解決学習は，子どもの身近な経験を重視するあまり，系統的知識の習得が困難であり，「這い回る経験主義」に陥りやすいという傾向がある。

(3) 発見学習

　発見学習は，1957年のスプートニク・ショック以来，アメリカの全米科学アカデミー会議（1959年：ウッズホール会議）で議長をつとめた**ブルーナー**が**『教育の過程』**(1961年）のなかで提唱したものである。つまり，発見学習とは，ブルーナーの『教育の過程』にもとづき，どの発達段階の子どもにも知識の構造を効果的に教えることができるとし，科学的な概念や原理・法則が創られた過程を子どもたちが新しく創造するかのように自ら主体的に発見させていく過程を重視することにより，知識・技術を習得させようとする学習指導の形態・方法である。したがって，発見学習は，系統学習と問題解決学習の欠点を補う学習指導論として位置づけられる。この発見学習では「問題を見つけだす能力や態度の育成」「外発的動機づけから内発的動機づけへの移行」「発見の仕方の学習」という学習過程が重視される。そして，発見学習の学習指導過程は，「観察→仮説→概念への高まり→生きた能力への転化」というプロセスをたどる。この発見学習では，「なに」を「いかに」発見させるかということが問題となる。

(4) 範例学習

　範例学習は，1951年にドイツのチュービンゲン会議において提唱されたもので，膨大な知識の獲得や知識の過剰化を克服するために考えられた学習指導の形態・方法である。つまり，範例学習とは，子どもの自発的・主体的な意欲を学習展開の軸としながら，ある典型例を集中的に学習させることにより，その本質的・基礎的なものを理解させ，類似した場面に適用できる転移可能な能力を育成することをめざす学習指導の形態・方法である。したがって，範例学習の学習指導過程は，「出会い→問題視→洞察→転移（生きて働く力への転移・統合）」というプロセスをたどる。この範例学習では，典型的・基本的な単一例から，いかに転移や類似した知識・理解へ導くかというアクセスの方法が問題となる。

(5) プログラム学習

　プログラム学習は，アメリカの行動主義心理学者である**スキナー**（Skinner, B. F.）が「学習とは行動の変容である」と提唱した「**オペラント条件づけ**（operant conditioning）の理論を学習の成立に応用したものである。つまり，プログラム学習とは，人間の望ましい行動反応としての結果に対して報酬を与えることにより，より望ましい行動へ高めることができるという「オペラント条件づけ」にもとづき，この原理を学習指導に用い知識・技能の確実な獲得をめざした学習指導の形態・方法である。したがって，プログラム学習の学習指導過程は，①「積極的反応の原理」→ ②「即時反応の原理」→ ③「スモールステップの原理」→ ④「自己ペースの原理」→ ⑤「学習者検証の原理」という5つの原理によって進められる。このプログラム学習は，一人ひとりの個人差に応じた個別学習をめざした学習指導に適しており，近年，タブレット学習やIT学習の普及により学習内容をプログラム化する教育の実践に用いられている。

(6) 完全習得学習

　完全習得学習は，アメリカの教育学者である**ブルーム**（Bloom, B. S.）らが評

価のフィードバック機能を活用して，個性に応じた学習指導をすべての子どもに保障するために「**マスタリー・ラーニング（mastery learning）**」の理論を導入したものである。つまり，完全習得学習とは，どの子どもも教育内容を完全に習得することができるという前提に立ち，到達すべき教育目標を段階ごとに明確に体系化し，これにもとづく指導を行えば，すべての子どもは学習内容を完全に習得し達成できるという学習指導の形態・方法である。したがって，完全習得学習は，①授業前に行う「診断的評価」→ ②授業途中で行う「形成的評価」→ ③授業後に行う「総括的評価」という評価機能と一体化したかたちで進められる。つまり，それぞれの段階において，子どもの学習にフィードバックさせることにより，克服すべき問題を即座に指導でき，適性を異にするすべての子どもに，平等に共通の到達度まで指導できることを目標とした学習指導論である。

(7) オープン学習

オープン学習は，イギリスにおいて1967年のブラウデン報告（Plowden Report）によって，その存在が注目されたものであり，注入主義教育により授業内容がわからない子どもの増加に対する新たな学習指導の方法として提示されたものである。つまり，オープン学習とは，一斉授業における画一的な時間・空間の枠組みをできるだけ開放することにより，人間性の回復や子どもの個性的・主体的な発達をめざし，子ども自ら計画を立て個性に応じて自主的に学習を進めていく学習指導の形態・方法である。また，オープン学習では，子どもの認知的発達ばかりではなく，情緒的，社会的な発達をもめざす学習プロセスをたどる。したがって，オープン学習では，子どもの自由な意思にもとづく自立性や社会参加への意志決定をどのように達成させるかということが問題となる。

(8) 総合的学習

総合的学習は，21世紀の教育を展望して，全人的な力である「生きる力」

を育むために，横断的・総合的な指導を推進するための新たな学習指導の形態・方法として位置づけられたものである。

わが国においては，21世紀を生きる子どもたちに，激動する社会のなかで，自ら問題を発見し解決する「生きる力」と「問題解決力」が必要であるとの考えにもとづき，第15期中央教育審議会が「21世紀を展望した我が国の教育の在り方」において「総合的な学習の時間」が提唱された。この「総合的な学習の時間」では，「自ら課題を見つけ，自ら学び，自ら考え，主体的に判断し，よりよく問題を解決する資質や能力を育てること」という基本方針が打ち出されている。したがって，「総合的な学習の時間」では，「生きる力」としての「学び方やものの考え方の育成」「問題解決や探究活動に主体的・創造的に取り組む態度の育成」，そして最終的には「自己の生き方を考える態度の育成」がめざされる。つまり，「総合的な学習の時間」では，覚えることや記憶することから自ら考え判断する力の育成へ，また，知っていることから実践できることへ，さらには，受動的学習活動から能動的学習活動をとおして，物事を多面的・総合的にとらえ共通理解・協働実践できる「生きる力」の育成がめざされるのである。そして，最終的には，見える学力（数値で判断する量的学力）だけではなく，子どもの内面世界である見えない学力（感性や感情という質的学力）をも育むことが「生きる力」を培うことになるという教育理念にもとづいた学習指導である。

上述したことにもとづき，「総合的な学習の時間」では，相互に関連づけ応用できる「知」のネットワークや「知」の統合化を図るために旧学習指導要領において，次のように方向づけられている。つまり，それは，「国際理解」「情報」「環境」「福祉・健康」「児童生徒の興味関心に基づく課題」「地域や学校の特色に応じた課題」という6つの学習活動領域である。

❹「主体的・対話的で深い学び」の実現─学習指導の新動向[25]

近年のわが国では，「主体的・対話的で深い学び」の実現が求められている。この概念にかかわる基本的な事項を整理することが，ここでの課題である。

第2節　学習指導　81

(1) 成立経緯

アクティブ・ラーニングという概念は，いつ，どこで，誰が最初に使用したのか。関連する発想であれば，**デューイ**（Dewey, J.）の経験学習や**ヴィゴツキー**（Vygotsky, L. S.）の構成主義的学習観にまで遡及することができるであろうが，それでもルーツを厳密に特定することは，きわめてむずかしい。同じことは，実践の起源についてもいえる。たとえば企業内研修や地域・市民講座における協調学習の技法の一つである**ワークショップ**の取り組みは，かなり以前から広く行われている。しかしアクティブ・ラーニングがわが国でひときわ注目を集めるようになったのは，大学における授業のあり方をめぐって，中央教育行政レベルでの議論が本格化したことが直接のきっかけであり，その時点から数えるのであれば，まだ10年ほどの年月しか経っていない。

2008年3月25日に出された**中央教育審議会**（以下，中教審）大学分科会制度・教育部会の「学士課程教育の構築に向けて（審議のまとめ）」では，次のように述べられている[26]。

　学習の動機付けを図りつつ，双方向型の学習を展開するため，講義そのものを魅力あるものにすると共に，体験活動を含む多様な教育方法を積極的に取り入れる。

　学生の主体的・能動的な学びを引き出す教授法（アクティブ・ラーニング）を重視し，例えば，学生参加型授業，協調・協同学習，課題解決・探求学習，PBL（Problem／Project Based Learning）などを取り入れる。大学の実情に応じ，社会奉仕体験活動，サービス・ラーニング，フィールドワーク，インターンシップ，海外体験学習や短期留学等の体験活動を効果的に実施する。学外の体験活動についても，教育の質を確保するよう，大学の責任の下で実施する。

付属の「用語解説」では，アクティブ・ラーニングについて，次のように述べられている[27]。

　伝統的な教員による一方向的な講義形式の教育とは異なり，学習者の能動的な学習への参加を取り入れた教授・学習法の総称。学習者が能動的に学ぶことによって，後で学んだ情報を思い出しやすい，あるいは異なる文脈でも

その情報を使いこなしやすいという理由から用いられる教授法。発見学習，問題解決学習，経験学習，調査学習などが含まれるが，教室内でのグループ・ディスカッション，ディベート，グループ・ワークなどを行うことでも取り入れられる。

また 2012 年 8 月 28 日に出された中教審の「新たな未来を築くための大学教育の質的転換に向けて〜生涯学び続け，主体的に考える力を育成する大学へ〜（答申）」[28] と付属の「用語集」[29] でも，ほぼ同様の記述がみられる。

「教授が教壇にたって，自分のノートを朗読している。教室にはあふれんばかりの学生がつめかけ，その教授の朗読を懸命になって筆記している。その光景はまるで速記の練習場のようである。ふだん教授や学生のやっていることといえば，ノートの朗読とその筆記だけである」（明治末期の東大法科の風景）[30]。ここまで極端な状況は，もはやなかなかみられないであろうが，それでも二つの上記行政文書が，大学教育におけるアクティブ・ラーニングの必要性を強調していることに対しては，少なくとも世間一般の人々からは，すんなりと理解されやすく，またおおいに賛同を集められるはずである。

だがほどなくして，同じことが，初等・中等教育に対しても求められるようになる。2014 年 11 月 20 日に行われた下村博文文部科学大臣（当時）の中教審に対する「初等中等教育における教育課程の基準等の在り方について（諮問）」では，「新しい時代に必要となる**資質・能力**の育成に関連して」，それを「子供たちに育むためには，『何を教えるか』という知識の質や量の改善はもちろんのこと，『どのように学ぶか』という，学びの質や深まりを重視することが必要であり，課題の発見と解決に向けて主体的・協働的に学ぶ学習（いわゆる『アクティブ・ラーニング』）や，そのための指導の方法等を充実させていく必要があり」，「こうした学習・指導方法は，知識・技能を定着させる上でも，また，子供たちの学習意欲を高める上でも効果的である」と指摘されている[31]。

しかしわが国の初等・中等教育，とりわけ小・中学校においては，大学の場合とは異なり，講義形式の授業が主流であり続けてきたわけでは決してない[32]。真相は逆である。仮に教師中心・主導としかいいようのない授業であっ

ても，教師の発問や指示に児童生徒が応答する場面が数多くみられ，またグループでの討論や話し合いが行われるほうが一般的，普通であり，そうしたやりとりや動きに欠ける，あるいはそれらのないケースのほうが例外的，希少である。このことは，国内の小・中学校に通った誰もが，経験的に知っているはずであるし（世代や年齢によっては，必ずしもこれに当てはまらない方々が少なからずいること，また「問と答との距離が非常に短くなっている」[33]と批判されるような授業運営が，教科内容の過密化を背景として，かつて一時的に横行していたことなどは，もちろん承知している），日本，アメリカ，ドイツの小学4年生と中学2年生を対象とした算数・数学授業のビデオ分析による国際的比較研究（TIMSS 1995 Video Study）を通じて，客観的に裏づけられた事実である[34]。

　アクティブ・ラーニングという高等教育由来の概念を，そのまま初等・中等教育の文脈にもち込むことには，かなりの無理があるし，そもそも積極的な理由が見つからない。またそれに対しては，あまりにも多義的なカタカナ語であり，法令などでの使用にはなじまないとの声が当初からあがっていた。そこで中教審では，アクティブ・ラーニングに代わるものとして，「主体的・対話的で深い学び」という概念を新たにつくり出している。そして2016年12月21日に出された中教審の「**幼稚園，小学校，中学校，高等学校及び特別支援学校の学習指導要領等の改善及び必要な方策等について（答申）**」（以下，中教審答申）では，「学習指導要領等の改善の方向性」の一つが，「『主体的・対話的で深い学び』の実現（『アクティブ・ラーニング』の視点）」と表現されている[35]。また中教審答申では，次のように述べられている[36]。

　　平成26年11月の諮問において提示された「アクティブ・ラーニング」については，子供たちの「主体的・対話的で深い学び」を実現するために共有すべき授業改善の視点として，その位置付けを明確にすることとした。

　すなわち学校で導入すべき学習形態は，あくまでも「主体的・対話的で深い学び」のほうであり，アクティブ・ラーニングは，それを実現するための視点として位置づけられている。

(2) 公的規定

「『主体的・対話的で深い学び』とは何か」[37]。中教審答申では，この問いに対する回答が，次のように提示されている[38]。

○ 「主体的・対話的で深い学び」の実現とは，特定の指導方法のことでも，学校教育における教員の意図性を否定することでもない。人間の生涯にわたって続く「学び」という営みの本質を捉えながら，教員が教えることにしっかりと関わり，子供たちに求められる資質・能力を育むために必要な学びの在り方を絶え間なく考え，授業の工夫・改善を重ねていくことである。

○ 「主体的・対話的で深い学び」の具体的な内容については，以下のように整理することができる。

「主体的・対話的で深い学び」の実現とは，以下の視点に立った授業改善を行うことで，学校教育における質の高い学びを実現し，学習内容を深く理解し，資質・能力を身に付け，生涯にわたって能動的（アクティブ）に学び続けるようにすることである。

① 学ぶことに興味や関心を持ち，自己のキャリア形成の方向性と関連付けながら，見通しを持って粘り強く取り組み，自己の学習活動を振り返って次につなげる「**主体的な学び**」が実現できているか。

子供自身が興味を持って積極的に取り組むとともに，学習活動を自ら振り返り意味付けたり，身に付いた資質・能力を自覚したり，共有したりすることが重要である。

② 子供同士の協働，教職員や地域の人との対話，先哲の考え方を手掛かりに考えること等を通じ，自己の考えを広げ深める「**対話的な学び**」を実現できているか。

身に付けた知識や技能を定着させるとともに，物事の多面的で深い理解に至るためには，多様な表現を通じて，教職員と子供や，子供同士が対話し，それによって思考を広げ深めていくことが求められる。

③ 習得・活用・探究という学びの過程の中で，各教科等の特質に応じた

「見方・考え方」を働かせながら，知識を相互に関連付けてより深く理解したり，情報を精査して考えを形成したり，問題を見いだして解決策を考えたり，思いや考えを基に創造したりすることに向かう「**深い学び**」が実現できているか。

子供たちが，各教科等の学びの過程の中で，身に付けた資質・能力の三つの柱（「知識・技能」,「思考力・判断力・表現力等」,「学びに向かう力・人間性等」－引用者注）を活用・発揮しながら物事を捉え思考することを通じて，資質・能力がさらに伸ばされたり，新たな資質・能力が育まれたりしていくことが重要である。教員はこの中で，教える場面と，子供たちに思考・判断・表現させる場面を効果的に設計し関連させながら指導していくことが求められる。

○　これら「主体的な学び」「対話的な学び」「深い学び」の三つの視点は，子供の学びの過程としては一体として実現されるものであり，また，それぞれ相互に影響し合うものでもあるが，学びの本質として重要な点を異なる側面から捉えたものであり，授業改善の視点としてはそれぞれ固有の視点であることに留意が必要である。単元や題材のまとまりの中で，子供たちの学びがこれら三つの視点を満たすものになっているか，それぞれの視点の内容と相互のバランスに配慮しながら学びの状況を把握し改善していくことが求められる。

中教審答申によれば，「主体的・対話的で深い学び」の実現とは，特定の指導方法を取り入れたり，教師の指導性を弱めたりすることではなく，学校での子どもの学びの質を高めるために，授業改善を重ねることである。それは，「主体的な学び」「対話的な学び」「深い学び」という三方向からのアプローチであり，それぞれの要点は，子どもが興味・関心をもって学びに向かい，見通しをもって粘り強く取り組み，自らの学習活動を振り返って次につなげること，他者との交流・協働や外界との相互作用を通じて，自身の考えを広げ，深めること，すでにあるものを記憶するのではなく，問題発見・解決を念頭において，各教科等の特質に応じたものの見方や考え方をはたらかせることと整理するこ

とが可能である。そしてこれらは，視点としては個別のものであるが，子どもの学びの過程では，一体として実現され，相互に影響しあうことになる。ただし毎回の授業のなかで，すべてを扱わなければならないわけではなく，単元や題材のまとまりのなかで，指導内容のつながりを意識しながら実現することができるよう，従来の実践の蓄積を生かして指導計画を立案し，授業づくりを進めることが必要である。

(3) 予想される困難

「主体的・対話的で深い学び」の実現をめざす過程で，指導する側の学校と教師は，多くの深刻な，むずかしい局面と向き合うことになる。学習者である子どもにとってもまた，状況は同じである。なかでも次の三つは，どうしても避けることができない。

■第一　「教育課程の基礎理論」において水内宏は，次のように述べている[39]。

> 教科は，子どもに学習を迫る仕組みである。学校は教科の学習を行なうことによって，子どもに無条件の要求として学習を迫るのである。そしてその要求は，学校と教師による要求というあらわれ方をとるが，実はその背後に，社会的な力として子どもへの学習要求が存在している。すなわち学校と教師は，社会的な力の代弁者として，教科の授業において子どもに学習を要求しているのである。

誤解を恐れずにいえば，教科指導としての授業は，基本的に強制の場である。小・中学校において児童生徒は，学習指導要領および同解説とそれらに準拠し，検定に合格した教科書にもとづいて学校が編成した教育課程の下で，授業を受けることになる。社会から正式に委託された教師以外の何者かが，授業の内容・方法を決めることなど，まずありえないし，また子どもが，たとえば「自分は違うことを学びたい」「今日は気分が乗らないから授業に出たくない」という理由で否定的な態度をとることは，到底許されない。子どもには，授業の枠

組みを受け入れたうえで，そのなかで積極的に行動することが求められる。そしてこのとき子どもは，結局，主体的であるようにみせること，さらには自分でもそのように振る舞っていると思い込むことになるのではないか（「いんちき屋は本当にゲームをプレイしているわけではないが，ゲームの制度まで放棄してはいない」[40]）。こうした一種のダブル・バインド状況，すなわち「受動的でありつつ能動的であれ」との両立要請が，子どもを苦しめることは，十分にありうる。

■第二　『新しい学力』において齋藤孝は，次のように述べている[41]。
　　アクティブ・ラーニングに基づく授業の第二の視点として挙げた「対話的な学び」，その象徴が，グループ・ディスカッションとプレゼンテーションである。これらは小中高校，大学で以前から行われてきたものだが，本当に有意義かというと，効果の薄いものも多いといわれる。場が活性化しないまま，なんとなくゆるりとした話し合いに終わることも多い。
　⑵で述べたように，わが国の小・中学校の授業では，討論や話し合いといった学習活動が，以前から積極的に展開されている。その蓄積をふまえつつ，今後，授業中の対話をより一層活性化するためには，教師にも子どもにも技術が必要である。たとえばグループ・ディスカッションの場合であれば，教師は，子どもに対して，アイデア出しのためのディスカッションなのか，それとも解決策の妥当性を検証するディスカッションなのかなど，何が目的で，ゴールなのかをあらかじめ明確にし，さし示さなければならない。子どもの側も，事前に自分の意見や考えを整理してから，本番に臨むとよい。テーマにかかわるデータ，事実，論拠を意識する。他者の考えをしっかりと聞き，細大漏らさずメモをとる。各自が自分の意見を発表し，相手に質問をする。これらもまた，活発なディスカッションの要件である。しかし実行することは，決して簡単ではない。また2017・2018年版学習指導要領体制下において，限られた授業時間数のなかで，従来より多くの教科内容を扱わなければならない，これからの学校と教師にとって，果たしてディスカッションを丁寧に組織するだけの余裕があるのかどうか。対話それ自体が自己目的化した実践，先行研究に倣って強

いいい方をすれば,「アクティブ・ラーニング自体が目的のダメ事例」(「外面的に活動的な姿（ダメなアクティブ・ラーニング）を目的としたダメ事例」,「目的がずれているダメ事例」)[42] ばかりを生み出すことのないように,教室レベルではさまざまな創意工夫が求められる。

■第三　『アクティブ・ラーニング「深い学び」実践の手引き』において田中博之は,次のように述べている[43]。

　　たとえ授業が課題解決的な学習になったとしても,学習課題やめあてに魅力がなければ,やはり子どもたちは我慢して取り組むだけであり,集中してはくれないでしょう。
　　子どもの追究意欲や集中して取り組む態度などの「学びに向かう力」は,何よりもまず学習課題の魅力にかかっているといえます。

　子どもたちが思考を深め,作品を練り上げ,技能を磨き合い,多様な資質・能力を育て,課題解決を図るには,少人数で共同・協働作業を行うグループ・ワークが有効である。しかし教師の問いかけが曖昧だと,それは,思考や表現が進まず,深まらない「おしゃべり活動」となり,かえって「浅い学び」で終わってしまうことになる（「活動あって学びなし」）。たとえば「聖徳太子について調べよう」「被子植物について学ぼう」といった,学習の範囲や対象を示すだけの課題や,「第二段落での主人公の気持ちを考えよう」「練習問題1を解こう」といった,決められた順序に沿って淡々と進んでいく課題では,子どもが達成したいという動機をもつことができない（少なくともできにくい）。こうした事態を回避するために,学習課題の設定に際しては,①「意外性」(「あれ,不思議だな？」「なぜだろう？」「おかしいな,今までの方法では解けないよ」),②「適度な困難性と活用可能性」(「あともう少しで解けそうだ」「前の時間で学んだことを使えばできそうだ」),③「活動誘発性」(「○○してみたいな」「○○が起きた原因を探り,資料を引用して説明しよう！」)という三つの要素を満たすこと,すなわち学びの当事者である子どもにとっての切実さが必要である[44]。そして課題は,グループ・ワークのねらいとともに,（板書するだけで済ませるよりも）ワークシートを配布して,

そこに書き込ませるとよいだろう。可視化によってこそ，意識化がもたらされる。
(**1**〜**3**：野浪俊子／**4**：助川晃洋)

第3節　教科外活動と生徒指導

　これまで教育の目的・目標の実現のための教育内容と教育方法にかかわり，教育課程および学習指導の問題について検討を行った。本節では教科以外の活動と生徒指導の問題について考察していくことにする。

1 教科外活動の変遷

　学校教育の目的は，単に知識と技術を伝達し習得させるだけではなく，それらを全人格的に統合し自律的に活用して生きていける力をそなえた人間を育成していくことにある。伝統的な農村共同体が次第に崩壊し，すでに第1章第1節でみた家庭や地域共同体が有していた「**社会化**」の作用（ないし**無意図的な教育作用**）が次第に衰退していくなかで，知識と技術の教授は学校で行い，子どもを「一人前」に育て上げるのは家庭や地域で行うという役割分担は成立しにくくなっていった。

　こうして学校の教科の時間以外に，**子どもの自律的で協同的な生活態度を育む時間と場を提供していくこと**が求められることになったのであり，これが教科外活動として教育課程のなかに位置づけられたのである。

　教科外活動の意義や目的を検討する前に，まず戦後のわが国の「教科外活動」の編成過程を，「学習指導要領」の改訂過程のなかで概観しておくことにする。

　1947（昭和22）年3月にわが国で初めて作成された「学習指導要領」において，小学校および中学校に「自由研究」の時間が設けられた。小学校4年生以上で必修，中学校では選択科目（外国語・習字・職業・自由研究）の一つとされた。内容は，①教科に関わる研究，②クラブ活動，③委員会活動等を含む自治活動にあてるものであった。「自由研究」は基本的には教科の領域に位置づけられるものであるが，内容的には教科外活動の色彩が強いものであった。

1949（昭和24）年にはこの「自由研究」は中学校と高等学校では廃止され，「特別教育活動」が設けられた。これは，運動・趣味・娯楽・ホームルーム活動・そのほか生徒会などの諸活動・社会的公民的訓練活動等を含むものであった。

　1951（昭和26）年の「学習指導要領一般編（試案）」では，小学校の「自由研究」は「教科外活動」とされ，また中学校と高等学校においても改めて「学習指導要領」のなかに「特別教育活動」として設けられ，わが国の教育課程のなかに「教科外活動」が明確に位置づけられたのである。

　1958（昭和33）年（小・中学校）・1960（昭和35）年（高等学校）の改訂で，教育課程は小中学校では各教科・道徳・特別教育活動・学校行事等の4領域，高等学校では教科・特別教育活動・学校行事の3領域によって編成された。また特別教育活動の内容は，小学校では，A 児童会活動，B 学級会活動，C クラブ活動，中学校では，A 生徒会活動，B クラブ活動，C 学級活動，高等学校では，第1 ホームルーム，第2 生徒会活動，第3 クラブ活動，とされた。

　1968（昭和43）年の小学校・1969（昭和44）年の中学校の改訂では，「特別教育活動」と「学校行事等」とが，生徒の学級や学校の生活に即して活動が展開され，生徒の自主的で実践的な活動を中心として成立している点で共通していることから，両者を統合して**「特別活動」**が新設された。1970（昭和45）年の高等学校の改訂では，教育課程は各教科と「各教科以外の教育活動」とによって編成され，「各教科以外の教育活動」は，ホームルーム，生徒会活動，クラブ活動，学校行事を内容とすることとなった。

　また1978（昭和53）年の高等学校の改訂で，小学校と中学校の「特別活動」との一貫性や関連性を重視する観点から領域名が「特別活動」と改められ，さらに1989（平成元）年の高等学校の改訂で，ホームルームの名称が「ホームルーム活動」と改められた。

　そして1998（平成10）年の中学校の改訂・1999（平成11）年の高等学校の改訂で，放課後等の部活動や学校外活動との関連などを考慮して「クラブ活動」は廃止された。

　ところで，このような文部省の教科外活動の編成過程（とくに1958〜60年にか

けての改訂以降の過程）に対して，子どもの自主的活動をより一層発展させようとする教科外教育の理念に反するものであり，上から子どもの活動を統制するものであるというような批判がなされた[45]。また実際の特別活動が，スポーツ系クラブ（ないし部活動）への偏重とそこでの業績主義，生徒会の形骸化，活動内容の形式化などの問題が存在することが指摘されてきた[46]。

　このような経緯をふまえて認識すべきことは，特別活動の展開においては，活動が形骸化することなく絶えず内容を吟味する必要があること，またできるかぎり児童生徒が活動の主体となり，自律的で協同的な活動をとおして彼らの自主性と自治能力が高められるように導き援助していくことが何よりも重要であるということある。この点をまず確認しつつ具体的な検討を進めていくことにする。

2　特別活動の意義と目的

(1) 特別活動の意義

　少子化が進行し，地域社会での日常的な青少年の集団活動の機会が少なくなり，人間関係の希薄化が問題になっている今日，特別活動は次のような教育的意義をもつ。

　① 特別活動の活動を通して，学級・ホームルームを単位とした集団のほかに，学年の枠を超えた異学年・異年齢の集団による活動が可能になるなかで，生徒の人間関係も多様になり，生活経験も豊富になるなど，ほかの教育内容とは異なる意義が認められる。

　② 多様な活動を通して，好ましい人間関係を形成するために必要な能力や態度，所属する集団の充実向上に努めようとする態度，さらに社会の一員としての自覚を深め，社会生活上のルールを尊重し，自己の役割を果たし自己を生かす能力や態度を養うことができる。

　③ 生活経験や体験活動による学習，いわゆる「なすことによって学ぶ」ことを通して，各教科，特別の教科　道徳（小・中学校），総合的な学習の時間などの学習に対する興味や関心を高め，各教科等で培われた能力などが総

合・発展される。したがって自主的・実践的な態度を身につけつつ，知・情・意あるいは知・徳・体の調和のとれた豊かな人間性を育成することが可能となる。

(2) 特別活動の目標

つぎに，「学習指導要領」(小・中学校2017［平成29］年3月改訂，高等学校2018［平成30］年3月改訂）における「特別活動」の項を中心にみながら，特別活動の目標について検討していくことにする。

今回の改訂では，「何ができるようになるか」「何を学ぶか」「どのように学ぶか」を明確に示すという学習指導要領全体の改訂の方針に沿って，これまでの内容より詳細な目標についての規定がなされている。

まず小学校学習指導要領の第6章・第1目標では，特別活動の目標について次のように規定している。(中学校・高等学校の規定も同様のものである。)

　集団や社会の形成者としての見方・考え方を働かせ，様々な集団活動に自主的，実践的に取り組み，互いのよさや可能性を発揮しながら集団や自己の生活上の課題を解決することを通して，次のとおり資質・能力を育成することを目指す。

この目標について文部科学省作成の『小学校学習指導要領解説　特別活動編』(平成29年)では，次のように説明している（中学校および高等学校の同解説書でも同様の説明がなされている）。

まず特別活動において育成をめざす資質・能力の重要な要素として，「**人間関係形成**」をあげている。これは，年齢や性別といった属性や，考え方，関心，意見の違いなどを理解したうえで認め合い，互いのよさを生かすような人間関係を自主的，実践的に形成していくという視点である。つぎに「**社会参画**」が提示されているが，これは，よりよい学級・学校生活づくりなどの自発的・自治的な活動を通して，個人が集団に関与するなかで育まれる力である。そして，集団のなかで現在および将来の自己の生活の課題を発見し，自己のよさや可能性を生かし，自己のあり方や生き方を考え設計する力である「**自己実現**」とい

う視点の意義が示されている。

　つぎに，上記の目標の「集団や社会の形成者としての見方・考え方を働かせる」ということは，各教科等の見方・考え方を総合的に働かせながら，自己および集団や社会の問題をとらえ，よりよい人間関係の形成，よりよい集団生活の構築や社会への参画および自己実現に向けた実践に結びつけることであるという。

　そして，「様々な集団活動に自主的，実践的に取り組み，互いのよさや可能性を発揮しながら集団や自己の生活上の課題を解決する」という目標については，まず目的や構成が異なる「様々な集団活動」において，集団や自己の課題の解決に向けた活動を通した多くの貴重な体験から学び，社会に出たのちのさまざまな集団活動や人間関係のなかでその資質・能力が生かされていく点に意義があること，また多様な他者と実生活における課題に積極的に取り組むことを通して，「自主的，実践的に取り組む」態度を育むことの重要性について指摘されている。そして「互いのよさや可能性を発揮しながら」という態度については，集団活動における合意形成において，異なる意見や考えをもとにさまざまな解決の方法を模索したり，折り合いをつけたりする態度を身につけるうえで求められること，また「集団や自己の生活上の課題を解決する」という点については，集団や個人の問題解決のために解決の方法や内容を話し合い，合意形成や意思決定をするとともに，それを協働して成し遂げたり強い意志をもって実現したりする学習過程を意味していることが指摘されている。

　さらに上述の小学校学習指導要領の第6章・第1目標の後に，育成をめざすべきより具体的な資質・能力として次の三点が示されている。

① 　様々な他者と協働する様々な集団活動の意義や活動を行う上で必要となることについて理解し，行動の仕方を身に付けるようにする。

② 　集団や自己の生活，人間関係の課題を見いだし，解決するために話し合い，合意形成を図ったり，意思決定したりすることができるようにする。

③ 　自主的，実践的な集団活動を通して身に付けたことを生かして，集団や社会における生活及び人間関係をよりよく形成するとともに，<u>自己の生き</u>

方についての考えを深め，自己実現を図ろうとする態度を養う。（下線部は筆者）

　中学校においては上記とほぼ同様の規定がなされているが，③の下線部分を「人間としての生き方」としている。また高等学校では小中学校と同様の規定のあと，③の部分を，「自主的，実践的な集団活動を通して身に付けたことを生かして，主体的に集団や社会に参画し，生活及び人間関係をよりよく形成するとともに，人間としての在り方生き方についての自覚を深め，自己実現を図ろうとする態度を養う」と規定している（下線部は筆者）。

　文部科学省作成の『中学校学習指導要領解説　特別活動編』（平成29年）および『高等学校学習指導要領解説　特別活動編』（平成30年）では，この③について，次のように説明している。

　　人は，実社会において，目的を達成するため，また，自己実現を図るために様々な集団に所属したり，集団を構築したりする。その中で様々な困難や障害を克服し，自分を磨き人間性を高めている。したがって，多様な集団に所属し，その中でよりよい人間関係を形成しようとしたり，よりよい集団や社会を構築しようとしたり，自己実現を図ろうとしたりすることは，正に学び続ける人間としての在り方や生き方と深く関わるものである。

(3) 特別活動の各活動・学校行事の目標と内容

　同様に，各学校段階における「学習指導要領」では，特別活動の各活動・学校行事における目標と内容について次のように規定している。

　①学級活動（小・中学校），ホームルーム活動（高等学校）

　　学級（ホームルーム）や学校での生活をよりよくするための課題を見いだし，解決するために話し合い，合意形成し，役割を分担して協力して実践したり，学級での話し合いを生かして自己の課題の解決および将来の生き方を描くために意思決定して実践したりすることに，自主的，実践的に取り組むことを通して，第1の目標（上述の小学校学習指導要領，第6章第1目標）に掲げる資質・能力を育成することをめざす。活動の内容としては，学級（ホームルーム）や

学校における生活づくりへの参画，日常の生活や学習への適応と自己の成長および健康安全などである。

②**児童会活動**（小学校），**生徒会活動**（中学校・高等学校）

　異年齢の児童ないし生徒同士で協力し，学校生活の充実と向上を図るための諸問題の解決に向けて，計画を立て役割を分担し，協力して運営することに自主的，実践的に取り組むことを通して，第1の目標を育成することをめざす。

　活動の内容としては，児童会（生徒会）の組織づくりと児童会（生徒会）活動の計画や運営，異年齢集団による交流（小学校のみ），学校行事への協力，ボランティア活動などの社会参画（中学校・高校のみ）などである。

③**クラブ活動**（小学校のみ）

　異年齢の児童どうしで協力し，共通の興味・関心を追及する集団活動の計画を立てて運営することに自主的，実践的に取り組むことを通して，個性の伸長を図りながら，第1の目標に掲げる資質・能力を育成することをめざす。活動の内容としては，クラブの組織づくりとクラブ活動の計画や運営，クラブを楽しむ活動，クラブの成果の発表などである。

④**学校行事**

　全校または学年の児童（生徒）で協力し（高校「全校若しくは学年又はそれらに準ずる集団で協力し」），よりよい学校生活を築くための体験的な活動を通して，集団への所属感や連帯感を深め，公共の精神を養いながら，第1の目標に掲げる資質・能力を育成することをめざす。具体的な活動の内容は，a. 儀式的行事，b. 文化的行事，c. 健康安全・体育的行事，d. 遠足（中学校・高校「旅行」）・集団宿泊的行事，e. 勤労生産・奉仕的行事などである。

3　生徒指導の概念と目的

　今日の学校教育において，児童生徒の「不登校」「いじめ」「問題行動」などが解決すべき課題となっているが，これらの問題のただなかにある児童生徒を援助して問題解決に向けて導いていくとともに，すべての児童生徒の現実に即し

て力強く生きていけるように指導する働きかけとしての「生徒指導」について検討していく。

(1)「生徒指導」の概念

「生徒指導」と類似した概念として「生活指導」という用語があるが、戦前を含めて生活指導という用語と概念にもとづいて「生活綴り方」などの多くの実践が展開されていた。戦後アメリカからガイダンス理論が導入されて、「生活指導」という用語は、道徳教育や特別活動についての指導と同義語として用いられたり、学級経営や学級づくり、生活綴り方運動による教育、集団主義教育などにおいても使用されていたが、文部省はその多義性を避けるためとして1958（昭和33）年以降「生徒指導」という用語を用いることとした。

文部省は生活指導では道徳教育は不十分であるとする立場から、1958年に教育課程のなかに「道徳」の時間を特設したが、これらの政策に対して批判的な生活指導の実践者や研究者は、学校・学級集団の民主化による子どもの民主的な人格形成という理念にもとづいて、学校集団の自治を形骸化させ生活指導を管理主義的なものに変質させるものとして批判した[47]。

その後、学習指導要領の改訂のなかで「生徒指導」という用語が一貫して用いられていったが、『生徒指導の手引き』(文部省, 1981［昭和56］年)によれば、生徒指導は「学校がその教育目標を達成するための重要な機能の一つ」であるとしており、学校における教育活動の条件整備や指導の支援であり、人格形成にかかわる直接的な指導といった役割を担っているとしている。なお「生徒指導」の「生徒」という用語は、小学校の児童をも含めて使用されている。

(2) 生徒指導の意義

文部科学省作成の『生徒指導提要』(2010［平成22］年)において、生徒指導の意義について次のように説明されている。

生徒指導とは、一人ひとりの児童生徒の人格を尊重し、個性の伸長を図りながら、社会的資質や行動力を高めることをめざして行われる教育活動であり、

すべての児童生徒のそれぞれの人格のよりよき発達をめざすとともに，学校生活がすべての児童生徒にとって有意義で興味深く，充実したものになることをめざすものである。

　また生徒指導は，教育課程の内外において一人ひとりの児童生徒の健全な成長を促し，児童生徒自ら現在および将来における**自己実現**を図っていくための**自己指導能力**の育成をめざす指導である。すなわち，この指導は，授業や休み時間，放課後，部活動や地域における体験活動などのさまざまな場面において，自己が直面する問題を自己選択や自己決定を通して自分で解決していける自己指導能力を育成し，児童生徒一人ひとりが，自己の個性を自覚しつつ，有能な生活者として成長していけるように指導や援助をしていく働きかけである。

　したがって生徒指導は，生徒の非行や問題行動などの対応策・予防策としてのみとらえられてはならない。ましてや体罰・校則などによって児童生徒の生活と行動を力によって管理・抑圧するような管理主義的な指導に陥っては，自主的で自律的な人間形成をめざす本来の生徒指導の目的を実現することはできないことを認識しておく必要があるのである。

(3) 生徒指導の原理

　以上のような意義と目的をもった生徒指導の原理は，次の5点である。

① **生徒指導は，個別的かつ発達的な教育を基礎とするものである。**

　一人ひとりの児童生徒は，その能力・適性，興味，進路の希望などを異にし，発達の背景としての生育歴や環境においても相違している。したがって，一人ひとりの児童生徒の人格の発達を中心の目標にする生徒指導の目標から，彼らの人格の特性を具体的に理解したうえで指導・援助がなされねばならない。

② **生徒指導は，一人ひとりの児童生徒の人格の価値を尊重し，個性の伸長を図りながら，社会的な資質や行動を高めようとするものである。**

　人格の尊重の精神にもとづいて一人ひとりの個性の伸長を図りながら，集団生活や社会生活を円滑に進めていくことができるような資質や能力を育成

するために，必要な指導・助言を行う。

③　生徒指導は，現在の生活に即しながら，具体的，実践的な活動として進められる。

　児童生徒の生活の実態を正しく理解しながら，望ましいと思う経験や活動を組織的，計画的により多く与え，望ましくないと思われる要因や影響をできるかぎり排除したりすることが必要である。

④生徒指導は，すべての児童生徒を対象とするものである。

　生徒指導は，児童生徒に問題行動や非行の傾向のあるなしにかかわらず，また学業の優劣や不振にかかわらず，すべての児童生徒なりの健康な人格の発達を図る必要がある。

⑤生徒指導は，統合的な活動である。

　児童生徒の直面する問題を便宜的に学業指導，進路指導，個人的適応指導，社会性指導，余暇指導，健康・安全指導などと分けて指導を進めることがあるが，人格そのものは本来統合的なものであり，彼らの望ましい心身の発達を図るうえで，それらは有機的に統合されなければならない。

4　生徒指導の領域

(1) 学業指導

　学業が首尾よく遂行されるように指導することであり，入学期の学習に関するオリエンテーション，学業上の困難の診断・指導，学習動機の喚起，学習態度の形成，学習技術の習得・向上などが指導内容となる。

(2) 進路指導

　個々の生徒の能力・適性についての自己理解の深化への援助，能力・適性を伸ばす指導，進路に関する知識・情報の提供，進路選択に関する指導などにより，各生徒が個性に応じて自己の将来の進路を自覚的に選択できる能力を養う。

(3) 個人的適応指導

児童生徒が直面している悩みや不安，そのほか適応の妨げとなっているような問題を除去し，望ましい適応ができ調和的な発達が遂げられるように導いていく。

(4) 社会性指導

友人の選択や友人との協力についての指導，リーダーシップの育成，社会的徳性についての指導などにより，集団や社会の一員として学校や社会の目標を達成できるための資質を育成する。

(5) 余暇指導

余暇活動の大切さを知り効果的に活用できるようにする指導であり，放課後や帰宅後の余暇や日曜・祝日や長期休業日の善用などの指導が中心になるが，部活動・クラブ活動などは実質的な余暇指導の意義をもっている。

5 生徒指導の基盤としての児童生徒理解

生徒指導を適切かつ効果的に行うためには，児童生徒一人ひとりを的確に把握する必要がある。児童生徒理解にかかわる資料の内容と資料の収集の方法について概説する

(1) 児童生徒理解のための資料の内容

① **基礎的資料**　児童生徒の氏名，住所，生年月日，保護者名など。

② **生育歴についての資料**　出産時の状況，乳幼児期における発育の様子，就学前の保育・しつけの実態など。

③ **家庭環境についての資料**　家庭の社会的・経済的状況，親の教育的関心，親のしつけの態度，家族の和合度，兄弟姉妹間の関係（ひとりっ子，末っ子など），家族に対する本人の態度（反抗，親和など）

④ **性格や情緒についての資料**　積極性，自律性，行動性，落ち着き，情

愛，社交性，明朗性など。
⑤ **習慣や趣味についての資料**　食事や睡眠などの習慣，身だしなみ，言葉遣い，学習の習慣，金銭上の習慣，特定の事物への好み・興味や趣味など。
⑥ **交友関係についての資料**　交友関係の推移と現状，仲間に対する本人の接し方・態度，学級やグループのなかでの地位や役割など。
⑦ **身体の健康状況などについての資料**　病歴，身体・体重・栄養などの推移と特徴，精神身体的な問題の有無（アレルギー，ぜんそく，消化不良など）。
⑧ **学業成績，能力，適性などについての資料**　学習内容の成就度，教科の得意・不得意，学習態度，知能と学力との相関，進学・職業などの適性など。
⑨ **学校生活についての資料**　出席状況，特別活動そのほかの集団生活の経験，学校生活への適応状況など。

(2) **児童生徒理解のための資料収集の方法**
① **観察法**　行動や態度を生活場面においてとらえ，これを評価するものである。統制を加えず，日常生活における自然な行動・態度を観察する「自然的観察法」と，条件を設定して行う「実験的観察法」がある。
② **面接法**　直接に児童生徒と相対して，質問したり何か作業をやらせたりして観察する方法で，質問する項目や，やらせる作業をあらかじめ準備しておく「調査面接法」，児童生徒のほうから話し出すのを受け入れるといった態度で行う「相談面接法」，5〜6人の小集団と相対する「集団面接法」などがある。
③ **検査法**　教師自作の学力検査などのほかに，市販されている知能検査，学力検査，性格検査，適性検査など標準化されているものがある。
④ **作文や日記**　児童生徒の書いた作文や日記あるいは自叙伝などによって，人生観，悩み，願望など彼らの内面を理解する資料が得られる。
⑤ **ソシオメトリック・テスト**　児童生徒相互間の選択・排斥にかかわる

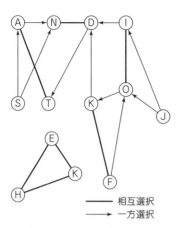

図2-3　ソシオグラムの例　　　　図2-4　ソシオメトリックスの例

質問（たとえば，「学習グループをつくるとしたら，あなたは仲間にだれとだれを選びたいですか。そのとき，だれとだれは避けたいですか。」などの質問）を提出し，その結果をソシオグラム（図2-3）やソシオメトリックス（図2-4）に表して集団の選択・排斥関係および集団の結合の型を明らかにする方法である（これまで排斥・嫌悪する子どもの名前を書かせる問題点が指摘されてきたが，選択・好感のもてる名前だけを書かせる方法がある）。

⑥　**ゲス・フー・テスト**　お互いに評価しあう質問（たとえば「私たちのクラスのなかで，割り当てられた仕事は人が見ていなくてもまじめにやる人がいます。それはだれですか」などの質問）を与えて，児童生徒相互の評価によって，行動や特性，能力などを明らかにするものである。

⑦　**その他**　指導要録，家庭環境調査，健康診断票など，これまでに集積されてきた資料や，家庭訪問，保護者面談なども，児童生徒理解の重要な手がかりとなる。

以上のような方法によって児童生徒の理解を進めていくうえで，教師は次のような諸点に留意しなければならない。

まず教師は，児童生徒および保護者の**人権・プライバシーの保護**という観点

から，上述した児童生徒に関するさまざまな資料の保管と秘密の保持に十分注意を払う必要がある。また入手したごくわずかな資料を，児童生徒の行動傾向全体を示すものとして性急な判断を下してはならないということである。

彼らとの日常的なコミュニケーションをも含めて，**多角的・多面的なアプローチ**を心がけ全人的把握を粘り強く追及していかなければならない。さらに教師は，児童生徒一人ひとりの個性や彼らが直面している個別的状況を深く理解していくために，**共感的な態度**で彼らの内面や状況を理解しようと努めていかなければならない。すなわち，彼ら一人ひとりがかけがえのない存在であることを確認し，彼らの全生活背景をも含めた彼らの存在そのものを受容しつつ彼らの内面に切迫し，一人ひとりの内に秘められたかけがえのないよさ，能力・個性の発現とその成長を願いながら接していく必要があるのである。このような教師の熱意と期待・信頼に支えられながら，彼らは自己を高め成長させていくことができるのである。

6 生徒指導の方法

生徒指導を実際に展開する方法としては，形態によって「**集団指導**」と「**個別指導**」とに分けられる。

(1) 集団指導

集団指導とは，集団という場を通して一人ひとりの発達を助成しようとする作用である。集団のもつ影響力や形成力を利用して，成員間の共通の問題を協力して解決したり，集団生活の経験をとおして自主性や社会性の育成をめざすとともに，場合によっては不適応の児童生徒の援助の指導を行う場でもある。

集団は次のような教育力をもつ。集団のなかで基本的な欲求が満たされることにより，より高次の自己実現を志向しようとする「**欲求満足機能**」，他の児童生徒から学んだり協調したりして知的・情緒的・社会的な発達を遂げていく「**発達促進機能**」，自己中心的な児童生徒がほかの児童生徒たちから批判されて行動を変えざるを得ないなどによる「**治療機能**」などである。

集団指導を実施する機会としては，前述した学級活動，児童会・生徒会活動，

部活動，クラブ活動，学校行事などがあるが，進路指導グループや不適応の児童生徒の支援のために特別に編成したグループなど，特設された集団による指導がある。

(2) 個別指導

　個別指導とは，教師と児童生徒との個別場面において，両者の直接的な人間関係をとおして児童生徒一人ひとりの個別状況に応じた問題を解決するための指導のことである。具体的には，進路決定，悩みごと，発達上の問題，問題行動など，個人差に応じたきめの細かい指導が必要な場合になされる指導である。

　個別指導の方法としては，情報提供，助言，教育相談などがある。比較的に問題が深刻でない場合には情報提供と助言で対処しうるが，なんらかの情緒的問題や適応上の問題をもち，その解決のために援助を必要とする場合には，**カウンセリング**の技法を用いた**教育相談**が実施される。

　そもそも「カウンセリング」とは，情緒や適応上の問題をもち他者の助力を必要とする個人（クライエント）と助力者としての資質をそなえた個人（カウンセラー）とが，言語的ないし非言語的（表情や身振りなど）な手段により直接面接し，望ましい人間関係のなかで深い人格的な交流（「出会い」）を体験することによって，クライエントの人格的な変容が実現されることをさす。

　学校における教育相談においてとくに重要なことは，専門的な理論や技術よりも教師と児童生徒との人間関係がどのような状態にあるかということであるといわれている[48]。したがって教師は，日常的な教育活動のなかで彼らとの信頼関係（ラポール）を築いていく必要がある。一般に次の３つの態度が，カウンセラー（教育相談にあたる教師）に求められる態度であるが，これらは同時に日常的に児童生徒と接する教師に求められる態度でもあるといえよう。

　①「**自己一致・純粋さ**」とは，教師が自己を欺いたり偽ったりすることなく，無心のありのままの自分として児童生徒と接することである。②「**無条件の肯定的尊重・受容**」とは，あの子は尊重できるがこの子は尊重できないという評

価的・選択的なものではなく，児童生徒への基本的な信頼にもとづいて彼らの気持ちや考えや意見を大切にし，無条件に受け入れることである。③「**共感的理解**」とは，児童生徒の私的な世界・内面をあたかも自分自身のものであるかのように彼らの側に立って感じ取りながら，それを彼らのわかる言葉で表現して理解を伝えることである。

　以上のようなカウンセリングの心と態度をもって教師が児童生徒に接するとき，彼らの基本的な自己実現の要求が受け入れられ，心のうちの抑圧が発散されて，望ましい人格の変容が実現されるのである。

　これまで教科外活動と生徒指導の問題について検討してきたが，今日，家庭と地域の教育力の低下が認識され，不登校をはじめとした学校教育の課題が山積しているなかで，それぞれの児童生徒の個性に即した自己実現と全人格的な発達を目標とする教科外活動と生徒指導の意義を再度確認する必要があろう。

（高橋　浩）

第4節　今日的な教育課題

　今日の日本における教育とりわけ学校教育はさまざまな課題に直面しており，大きな転換点を迎えている。本節では，人権教育，特別支援教育，環境教育の新設などの問題について検討し，今後の学校教育のあり方を展望していきたい。

1　人権教育

　今日，いじめ・暴力行為・体罰・虐待など，子どもをめぐる問題は深刻さを増している。またジェンダー，障害者福祉，在日および定住の外国人などの人権をめぐる諸問題も解決を迫る課題になっている。このような状況のなか，社会における人権問題を的確に判断し行動できる資質・能力を育成していく人権教育を推進する必要がある。本項では，まず今日の学校教育における人権教育の課題について検討する。

(1)「人権教育」とは何か

そもそも「人権」，そして「人権教育」とは何か。文部科学省・初等中等教育局児童生徒課が提出した「人権教育の指導方法等の在り方について」(2008年)において，この点を次のように説明している[49]。

まず「**人権**」とは，「人が生まれながらに持っている必要不可欠な様々な権利」を意味し，社会を構成するすべての人々が個人としての生存と自由を確保して，社会において幸福な生活を営むために欠かすことができない権利である。

また同文書では，「**人権教育**」とは「人権尊重の精神の涵養を目的とする教育活動」であるとし，さらにその目的について，「①人権や人権擁護に関する基本的な知識を確実に学び，その内容と意義についての知的理解を徹底し，深化すること，②人権が持つ価値や重要性を直感的に感受し，それを共感的に受けとめる感性や感覚，すなわち人権感覚を育成すること，③こうした知的理解と人権感覚を基盤として，自分と他者との人権擁護を実践しようとする意識，意欲や態度を向上させ，またその意欲や態度を実際の行為に結びつけて，人権が尊重される社会づくりにむけた実践力や行動力を育成すること」であると説明している。

人権教育は，各教科，特別の教科 道徳（小・中学校のみ），外国語教育，特別活動，総合的な学習の時間などの特質に応じて，学校の教育課程全体をつうじて計画的に推進されるものである。

つぎに，上述の内容をふまえて，今日の学校における人権教育の重要な課題となっている「いじめ」問題を取り上げ，指導のあり方を検討する。

(2)「いじめ」に対する学校の対応

2011（平成23）年10月の大津市いじめ自殺事件以降，「いじめ」問題が社会問題化するなかで，国および文部科学省は，2013（平成25）年に「いじめ防止対策推進法」を制定し，また同年「いじめの防止等のための基本的な方針」を示し，各学校にこれに沿った内容の「学校いじめ防止基本方針」の策定を義務

づけ、いじめ問題の解決を図ろうとした。

　しかし、その後もいじめによる自殺が発生するなかで、文部科学省はさらにいじめ防止対策の徹底を各学校に要請するとともに、2017（平成29）年には「いじめの防止等のための基本的な方針」を改定し、いじめ対策の基本的なあり方及び基準をより詳細に規定した[50]。

　すなわち、学校はいじめの防止などのため、いじめ防止基本方針にもとづき、学校いじめ対策組織を中核として、校長の強力なリーダーシップのもと、一致協力体制を確立し、学校の設置者（教育委員会など）とも適切に連携のうえ、学校の実情に応じた対策を推進すること、学校はいじめに対する基本方針を保護者に説明し、いじめのない学校づくりを宣言すること、いじめの情報には瞬時に対応すること、教職員がいじめの情報をかかえ込むことは法に違反しうることなどであるが、この改定では、とくにいじめ防止と早期発見の取り組みの必要性を訴えている。

　たとえば、従来いじめの定義から除外されていた「けんか」についても、見えないところで被害が発生している可能性もあり、丁寧な調査を実施したうえでいじめにつながるかどうかを判断することを求めている。またアンケート調査や個人面談を実施し、その結果の検証と組織的な対処方法について定めておくことも提起している。

　また、いじめによる重大事態については、改定した「いじめの防止等のための基本的な方針」と「いじめの重大事態の調査に関するガイドライン」において対応のあり方を提示している[51]。まず、「いじめの重大事態」とは、①児童生徒が自殺した場合、②身体に重大な傷害を負った場合、③金品等に重大な被害を被った場合、④精神性の疾患を発症した場合などにあたるが、児童生徒・保護者から、いじめの重大事態についての申し立てがあった場合には、たとえいじめによる結果と判断できなくとも、被害児童生徒と保護者の心情に寄り添いつつ対応し、重大事態が発生したものとして教育委員会等へ報告し調査を実施する。調査にあたっては、被害児童生徒および保護者の意向を十分反映させて実施し、その調査結果について被害児童生徒に必要な情報を適切に報告する

こと，調査は事案によっては第三者調査委員会を設置することなどが示された。

(3)「いじめ」問題と人権教育

ところで，このようないじめ問題に対して，人権教育の立場から学校はどのような教育活動を求められているのだろうか。

上述した人権教育の目標を，学校全体で取り組み実現していくことが，いじめを根絶して，予防していくことにつながることをまず確認したい。すなわち，教職員全員が人権感覚を研ぎ澄まして，「いじめは絶対に許されない」との強い姿勢で日常的に児童生徒に接することがまず重要である。教職員集団が本気になっていじめをなくそうと団結した姿勢を児童生徒，保護者，そして地域に示すことが必要である。

同時に，教職員が児童生徒一人ひとりの人権を守り，尊重していく姿勢をもって教育活動を展開していく必要があろう。このような日々の教育活動全体のなかで，児童生徒自身がお互いを尊重しあい，それぞれの願いや思いを共感的に受けとめられるような豊かな感性を培い，仲間とともに問題を自主的に解決していけるような実践的な態度を育成していけるであろう。

人権教育に取り組む教職員の地道な日々の活動は，やがて一人ひとりの人権を尊重していこうとする学校・学級の全体としての雰囲気を醸成していくことになろうが，この正規の教育課程とならんで重要な人間形成力となるものが「**隠れたカリキュラム**」(The Hidden Curriculum) である。上述した文部科学省の「人権教育の指導方法等の在り方について」(2008年) では，「隠れたカリキュラム」とは，「教育する側が意図する，しないに関わらず，学校生活を営むなかで，児童生徒自らが学びとっていく全ての事柄を指す」と指摘している。

このような人権教育の基盤を形成しつつ，上述した「学校いじめ防止基本方針」にもとづいて，校長のリーダーシップのもと，組織的ないじめ防止の取り組みを行う必要があろう。

いじめ問題のほかにも，今日の学校教育には，子どもたちの人権を守ってい

くべき諸課題が存在している。先に取り上げた「いじめの防止等のための基本的な方針」では、学校としてとくに配慮と支援が必要な課題として、①発達障害を含む障害のある児童生徒について（彼らに対する支援の問題は、次項「特別支援教育」において取り上げる）、②海外から帰国した児童生徒や外国人の児童生徒、国際結婚の保護者をもつなどの外国につながる児童生徒について、③性同一性障害や性的指向・性自認(52)に係る児童生徒について、④東日本大震災により被災した児童生徒または原子力発電所事故により避難している児童生徒をあげている。ここでは、今日とくに学校において対応が迫られている、②と③の問題について検討する。

■**外国につながる児童生徒**　年々在籍者が増加している海外から帰国した児童生徒や外国人の児童生徒などについては、言語や文化の差からいじめがなされないように、教職員、児童生徒、保護者らの彼らに対する理解を促進し、学校全体で注意深く見守る必要がある。また2014（平成26）年の学校教育法の一部改正により、日本語習得に困難のある児童生徒に対して、特別な教育課程により指導を行うことができることとした。これは、彼らの学習権を保障するという意義があり、学習指導要領（小・中学校学習指導要領・2017年3月、高等学校学習指導要領・2018年3月）においても、日本語の習得に困難のある彼らに対して、指導内容や指導方法の工夫を組織的・計画的に行うことが示されたのである。具体的には、日本語指導の対象者については校長の責任で行うこと、この指導には各教科等の指導も含むこと、指導者の確保が困難な場合には他校における指導が認められることなどが提示された。

■**性同一性障害や性的指向・性自認に係る児童生徒**　性同一性障害や「性的マイノリティ」とされる児童生徒に対する無理解や偏見が問題になり、文部科学省は2016（平成28）年に「性同一性障害や性的指向・性自認に係る、児童生徒に対するきめ細かな対応等の実施について［教職員向け］」(53)を提出し、かれらに対する具体的配慮事項について示した。まず、自殺念慮の割合などが高いことが指摘されている性的マイノリティについて、無

理解や偏見などがその背景にある社会的要因の一つであるととらえて、教職員のこの問題に対する的確な理解を促進し、かれらに対するきめ細かな支援・配慮を行う必要性を指摘している。具体的には、かれらの支援に対しては、学校内にサポートチームをつくり、「支援委員会」(校内)や「ケース会議」(校外)などを開催しながら対応を進めること、場合によっては医療機関と連携をとることも必要であること、さらに服装・髪型・更衣室・トイレ・修学旅行などにおける支援の具体的事項が示された。

2 特別支援教育

2006 (平成18) 年6月に学校教育法の一部が改正されて、翌年の2007 (平成19) 年4月から「特別支援教育」が実施されることになった。本項では、この特別支援教育を支える教育理念を明らかにするとともに、特別支援教育を実施するにあたっての今後の課題を検討していきたい。

(1) 「特別支援教育」の教育理念

「特別支援教育」の理念の基盤には、**特別な教育的ニーズ**という概念がある。1994年6月のユネスコ主催の「特別なニーズ教育に関する世界会議」において採択された声明文にこの概念が採択された。その後2006 (平成18) 年12月に、障害者の人権および基本的自由の享有を確保し、障害者の権利の実現のための措置などを定めた条約である「障害者の権利に関する条約」(「障害者権利条約」) が国際連合において採択され、わが国においても、特別支援教育実施への改革が進められていった。

また障害のある児童生徒をめぐる教育現場では、盲・聾・養護学校や特殊学級に在籍している児童生徒、および通級指導を受けている者の増加、LD (学習障害)・ADHD (注意欠陥／多動性障害)・高機能自閉症により特別な教育的支援を必要とする児童生徒への対応の必要性、盲・聾・養護学校に在籍する児童生徒の障害の重度・重複化の進行などの状況変化によって、障害児教育における支援体制の早急な対応が迫られていた。

文部科学省は，障害の種類によらず一人ひとりの特別な教育的ニーズに応えていくという「特別な教育的ニーズ」の世界的に拡がる潮流に促されて，2006（平成18）年6月に学校教育法を改正し（2007年4月施行），**特別支援教育**を法的に位置づけてこれを推進していった。改正学校教育法の施行にあたって，文部科学省は次のように「特別支援教育の理念」について説明している（「特別支援教育の推進について（通知）」2007年4月）[54]。

　　特別支援教育は，障害のある幼児児童生徒の自立や社会参加に向けた主体的な取り組みを支援するという視点に立ち，幼児児童生徒一人一人の教育的ニーズを把握し，その持てる力を高め，生活や学習上の困難を改善又は克服するため，適切な指導及び必要な支援を行うものである。

そして特別支援教育は，これまでの特殊教育の対象である視覚障害・聴覚障害・運動機能障害・知的障害などの器質的な障害に加えて，知的な遅れのないLD，ADHG，高機能自閉症などの発達障害も含めて，特別な支援を必要とする児童等が在籍するすべての学校において実施されるものであることを指摘している。そして，特別支援教育の意義について，次のように述べている。

　　特別支援教育は，障害のある幼児児童生徒への教育にとどまらず，障害の有無やその他の個々の違いを認識しつつ様々な人々が生き生きと活躍できる共生社会の形成の基礎となるものであり，我が国の現在及び将来の社会にとって重要な意味を持っている。

このような教育理念に立って，障害の種類・程度に応じて盲・聾・養護学校や特殊学級等の「特別な場」で実施されてきた従来の「**特殊教育**」から，一人ひとりの教育的ニーズに応じた指導・支援を行う「**特別支援教育**」への転換がなされることとなったのである。

(2) インクルーシブ教育システムの構築へ

　「インクルーシブ教育システム」とは，障害者が自立し積極的に社会参加できるように，障害のある者に十分な教育を提供していこうとする教育システムのことである。そして，障害のある者と障害のないものが同じ場所でともに学

び，個別の教育的ニーズのある幼児児童生徒（以下，児童等）に対しては，それに的確に応える支援・指導を提供できる仕組みを構築することをめざすものである。

2012（平成24）年に提出された「共生社会の形成に向けたインクルーシブ教育システム構築のための特別支援教育の推進」[55]という中央教育審議会答申では，このようなシステムを構築していくための方向性が示され，この答申にもとづいて諸法規や制度改革が進められていった。

① 就学基準の改正と就学支援のあり方

従来，障害のある児童生徒の就学先は，障害の種類や程度に応じた基準（就学基準）によって決定されてきたが，近年の拡大鏡・補聴器，補装具などの障害者用の補助具の開発などもあり，また特別支援教育への転換を図るためにも就学先を柔軟に判断していくことが求められた。

同答申では，就学先を決定する場合，障害の状態，本人の教育的ニーズ，本人・保護者の意見，教育学，医学，心理学等専門的見地からの意見，学校や地域の状況などをふまえて総合的な観点から行うよう提言しており，本人・保護者の意見を十分に尊重し，市町村教育委員会および学校との間で合意形成を行ったうえで，学びの場所を最終的には市町村教育委員会が決定していくこととした。

そして，決定された就学先は固定的なものではなく，児童生徒の発達状況やその時点の教育的ニーズに応じて柔軟に見直しや変更を行う必要があることを指摘している。

② 合理的配慮

また同答申では，学校の設置者および学校が「**合理的配慮**」を行う必要があることを提示している。この概念は，障害のある子どもが，ほかの子どもと平等に「教育を受ける権利」を享有・行使することを確保するために，学校の設置者および学校が，本人・保護者との合意のうえで必要かつ適切な変更・調整を行うことを意味している。また同時に配慮の内容が「学校の設置者及び学校に対して，体制面，財政面において，均衡を失した又は過度の負

担を課さないもの」であるべきことが示されている。

③ **特別支援教育充実のための教職員の専門性の向上**

そして答申では，インクルーシブ教育システム構築のため，すべての教員が特別支援教育に関する一定の知識・技能を有していることが求められていることを指摘している。とくに発達障害に関する一定の知識・技能は，発達障害の可能性のある児童生徒の多くが通常の学級に在籍していることから必須である。また学校全体の教職員の専門性を高めていくには，学校長および教育委員会の指導主事の役割が大きいため，かれらを対象にした研修を実施する必要があるとしている。

また特別支援学校に一本化されたことにより，教育職員免許法が改正され，盲・聾・養護学校ごとの免許状が，特別支援学校の教員免許状に一本化されて「特別支援学校教諭免許状」となったが，特別支援学校における本免許の取得率の向上が課題として示されている。

(3) 特別支援教育の近年の展開

これまで検討してきたように，特別支援教育は次第に体制が整備され充実が図られてきた。いっぽう，新たな課題に対する整備が求められている。

文部科学省は，2004（平成16）年に作成した「小・中学校におけるLD（学習障害），ADHD（注意欠損／多動性障害），高機能自閉症の児童生徒への教育支援体制の整備のためのガイドライン」を見直し，新たに2017（平成29）年3月に「発達障害を含む障害のある幼児児童生徒に対する教育支援体制整備ガイドライン」[56]を作成して，特別支援教育の新たな指針を示した。このガイドラインによれば，以下のような取り組みが今後求められているとのことである。

新ガイドラインは，支援の対象を発達障害に限定せず，障害により教育上特別の支援を必要とするすべての児童等に拡大するとしている。その際，医師による障害の診断がなくとも，校内の委員会等により「障害による困難がある」と判断された児童等に対しては，適切な指導や必要な支援を行う必要があると指摘する。

また，これまで学校種では，小中学校に比して幼稚園および高等学校における教育支援体制の整備が遅れており，これらの整備とともに，進学時などの情報共有（「引継ぎ」）と卒業後の支援を含めた「支援の継続性」が求められていることを提起している。

　そして，設置者および学校，特別支援教育コーディネーター，通常学級の担任，通級指導担当教員，特別支援学級担任，養護教諭，さらに巡回相談員，専門家スタッフなどのそれぞれの立場の役割を明示するとともに，全体としての連携・協力のあり方を示している。また特別支援学校のセンター的機能の活用とその際の留意事項などについても言及している。

❸ 環境教育―持続可能社会実現への教育

　これまでわれわれは，自然破壊，地球温暖化，酸性雨などの地球規模の環境問題に直面し，「環境教育」を推進することによって問題打開の道を模索してきた。いっぽう，この環境問題が，開発・人権・平和・ジェンダー・多文化共生などの諸問題と密接につながっており，「持続可能な社会」の実現をめざして取り組んでいく教育活動が不可欠であることが認識されたのである。

　本項では，まず「環境教育」から「持続可能な開発のための教育」への推移を概観し，さらに今日求められている「持続可能社会実現への教育」の理念および実践の内容について検討していきたい。

(1)「環境教育」から「持続可能な開発のための教育」へ

　1977年に旧ソ連・グルジア共和国のトビシリで採択された「トビシリ宣言」のなかで，「**環境教育**」の基礎となる概念が提示された。すなわち，環境教育の基本的ねらいを，個人や地域社会が，環境問題を予測し解決していく活動に参加するための知識・価値観・態度・実際的技術を獲得すること，また環境の保護と改善を保証するような国際間の新秩序のための基礎として，国家間・地域間に責任感と連帯感を育成する手助けとなることであると提起した。

　そして，1980（昭和55）年に，国際自然保護連合（IUCN）・国際環境計画

(UNEP)・世界自然保護基金（WWF）が共同で発表した「世界保全戦略」のなかで，「**持続可能な開発**（sustainable development）」の概念が国際的に提起された。これは，自然資源の持続的利用とバランスのとれた環境と開発のあり方を提起したもので，先進国と途上国が環境をめぐって同じテーブルにつけることを意図したものである[57]。この概念は，その後の国際的な環境教育の取り組みに大きな影響を与えた。そして，1992（平成4）年にブラジル・リオデジャネイロで開催された国際環境開発会議において採択された国際的行動計画である「アジェンダ21」では，「持続可能な開発に向けた教育の新たな方向付け」が提示され，今日の「**持続可能な開発のための教育**」(Education for Sustainable Development : ESD)という概念を基礎づけたのである。

さらに，1997（平成9）年にギリシャ・テサロニケで開催された「環境と社会に関する国際会議」における「テサロニケ宣言」においては，次のように持続可能性のための教育について規定している[58]。

持続可能性に向けた教育全体の再構築には，すべての国のあらゆるレベルの学校教育・学校外教育が含まれている。持続可能性という概念は，環境だけではなく，**貧困，人口，健康，食料の確保，民主主義，人権，平和**をも包含するものである。最終的には，持続可能性は道徳的・倫理的規範であり，そこには尊重すべき文化的多様性や伝統的知識が内在している。

そして，2002（平成14）年のヨハネスブルク・サミットにおける日本政府とNGOの共同提案である「**国連ESDの10年**」が採択され，2005〜2014年までの10年間，各国はユネスコ提案の国連実施計画案にもとづいてESDの国際的な普及活動を展開していった。

つぎに，このような過程で推進されてきたESDの教育とはどのような活動なのかを，次項でさらに詳しく検討していきたい。

(2)「**持続可能な開発のための教育（ESD）**」とは

日本政府と「国連ESDの10年」の提案にかかわったNGOの呼びかけによって発足し，わが国のESDの推進役を担う「認定NPO法人・持続可能な

開発のための教育の10年・推進会議」は、ウェブサイトでESDの目的や活動について次のように説明している[59]。

「持続可能な開発」とは、われわれが直面するさまざまな課題を解決し、世界中の人々や将来の世代が安心して暮らすことができる社会をつくるために、社会的公正の実現や自然環境との共生を重視した開発のことである。そして、この開発は、「民主的で誰もが参加できる社会制度と、社会や環境への影響を考慮した経済制度を保障し、個々の文化の独自性を尊重しながら、人権の擁護、平和の構築、異文化理解の推進、健康の増進、自然資源の維持、災害の防止、貧困の軽減、企業責任の促進などを通じて、公正で豊かな未来を創る営み」である。

また、このような開発を実現するためには、さまざまな課題に力を合わせて取り組んでいく必要があるが、この未来に向けた取り組みに必要な力や考え方を人々が学び育むことがESDであるという。そして、ESDは学校だけでなく、地域や社会のあらゆる場で誰もが取り組むべき学習であることも指摘している。

したがってESDは、環境・平和・人権等のさまざまな課題への取り組みを基礎に、環境・経済・社会・文化の各側面から学際的・総合的に取り組む必要がある。このようなESDの教育・学習活動を、日本ユネスコ国内委員会は概念図（図2-5）で示している[60]。

図2-5　ESDの概念図

このようなESDの意義について，佐藤学は，この実践が教育目的の中核に位置していることを指摘している。すなわち教育は，次世代の人々の幸福を追求する文化の伝承と再創造の営みであり，持続可能な地球，持続可能な環境，持続可能な社会を創造することは教育の目的の中心である。そして「持続可能性の教育は，持続可能性を根本原理とする世界観の教育であり，生命，自然，経済，社会，政治，文化，教育の持続可能性を実現する個々の内容の教育であり，持続可能な社会を実現する行動の教育である」[61]と述べているのである。

　それでは，今日の学校教育においていかなるESDの実践が求められているだろうか。

(3) ESD実践の今後の課題

　わが国においては，「国連ESDの10年」の採択以降，文部科学省およびユネスコ国内委員会が，「**ユネスコスクール**」をESD推進校として位置づけて支援施策を進めるなどしたこともあり，すでにESDの実践は各地で展開されてきている[62]。

　また旧学習指導要領（小・中学校2008年・高校2009年改訂）の総則にも「持続可能な社会の構築」という表現が用いられているが，新学習指導要領においては，より鮮明にESDの理念が新教育課程の基盤に位置づけられている。すなわち，2017（平成29）年3月公示の幼稚園教育要領，小・中学校学習指導要領には，前文・総則・各教科等に「持続可能な社会づくり」や「持続可能な社会の創り手」などが掲げられているのである[63]。

　新学習指導要領においては，教育課程全体を通して育成していく資質・能力として，①生きて働く「知識及び技術」の習得，②未知の状況にも対応できる「思考力・判断力・表現力」の育成，③学びを人生や社会に生かそうとする「学びに向かう力，人間性等」の涵養の3点をあげているが，この点について，わが国のESDの活動を主導してきたユネスコ国内委員会は，「ESDの視点に基づき，これまで取り組まれてきた実践は，この新しい学習指導要領で育成を目指すこととされた資質・能力の育成やそのための授業改善にも貢献しうるも

の」であるとしている⁽⁶⁴⁾。すなわち，持続可能な社会の担い手を創る教育であるESDは，新学習指導要領全体において基盤となる理念を提示しているのである。したがってESDの実践にあたっては，この点を十分意識しつつ，「開かれた教育課程」という新教育課程の指導理念に沿うかたちで，地域の人々や学校外諸機関やESDのネットワークなどとの連携を図りつつ，学校組織全体での取り組みが求められるであろう。

また，学校におけるESDの活動を主体的に担うのはいうまでもなく個々の教員であるが，今後の課題として，教員のESDに関する指導力向上を図る研修が求められているのである。さらに教員養成課程においても，教職専門科目の全体のなかにESDの内容を組み込んでいく必要があろう。

以上，今日の教育課題を概観してきたが，いずれの問題も地域の人々の協力をえながら，校長をリーダーとした教職員全体での組織的な連携・協働体制を構築するなかで取り組んでいく必要があろう。また何よりも，これらの課題についての一人ひとりの教師の深い認識と問題打開への意欲が強く求められているといえよう。

(高橋　浩)

注
(1) 文部省『新しい学力観に立つ教育課程の創造と展開』東洋館出版社，1993年，9頁。
(2) 文部省・文部科学省関係の法令・答申・報告などは，とくに記さないかぎりは，文部科学省ウェブサイトで閲覧したもので，以下出典を省略する。
(3) 藤田英典『教育改革―共生時代の学校づくり』岩波書店，1997年。
(4) 市川伸一『学力低下論争』筑摩書房，2002年。
(5) 藤田英典『新時代の教育をどう構想するか―教育改革国民会議の残した課題』岩波書店，2001年。
(6) 広田照幸『教育』岩波書店，2004年。
(7) 山内太地・本間正人『高大接続改革―代わる入試と教育システム』筑摩書房，2016年。
(8) 中教審答申「幼稚園，小学校，中学校，高等学校及び特別支援学校の学習指導要領等の改善及び必要な方策等について」(2018年12月21日)【概要】(以下【概要】) 3頁。
(9) 高木展郎「『主体的・対話的で深い学び』の意味」教職員支援機構編著『主体的・対話的で深い学びを拓く―アクティブ・ラーニングの視点から授業を改善し授業力を高める』学事出版，2018年，8-12頁。
(10) 中教審答申【概要】8頁。
(11) 市川伸一「習得の授業におけるアクティブ・ラーニング―理解確認と理解進化の活性化を図る」教職員支援機構編著『主体的・対話的で深い学びを拓く―アクティブ・ラーニングの視点

から授業を改善し授業力を高める』学事出版，2018 年，13-18 頁。
(12) 中教審答申【概要】4‐5 頁。
(13) 田村知子・村川雅弘・吉冨芳正・西岡加名恵編著『カリキュラムマネジメントハンドブック』ぎょうせい，2016 年。
(14) 中教審答申【概要】5 頁。
(15) Dewey, J.（1916）"Democracy and Education" *in The Middle Works 1899-1924*, Vol. 9, Southern Illinois University Press, 1980, p.388（金丸弘幸訳『民主主義と教育』玉川大学出版部，1984 年，436 頁）。
(16) 梶田叡一『教育における評価の理論Ⅰ―学力観察・評価観の転換』金子書房，1994 年，86 頁。
(17) J. ルソー／今野一雄訳『エミール（上）』岩波書店，1962 年，184 頁。
(18) Dewey, J.（1916）op. cit., p.31（金丸訳，前掲書，64 頁）。
(19) Dewey, J.（1913）"Interest and Effort in Education" in *The Middle Works 1899-1924, Vol.7: 1912-1914, Southern Illinois University Press, 1979, p.156*（杉浦宏訳『教育における興味と努力』明治図書，1972 年，14 頁）。
(20) *Dewey, J.*（1916）*op. cit.*, p.132（金丸訳，前掲書，189 頁）。
(21) *Ibid.*, p.133（同上書，190 頁）。
(22) *Ibid.*, p.82（同上書，127 頁）。
(23) *Ibid.*, p.87（同上書，132 頁）。
(24) Dewey, J.（1897）"My Pedagogic Creed" in *The Early works 1882-1898*, Vol. 5 :1895-1898, Southern Illinois University Press, 1972, p.84。
(25) 助川晃洋『教育方法改革の理論』春風社，2018 年，157-171 頁を併せて参照願いたい。
(26) http://www.mext.go.jp/component/b_menu/shingi/toushin/__icsFiles/afieldfile/2013/05/13/1212958_001.pdf（24 頁）。
(27) http://www.mext.go.jp/component/b_menu/shingi/toushin/__icsFiles/afieldfile/2013/05/13/1212958_002.pdf（55 頁）。
(28) http://www.mext.go.jp/component/b_menu/shingi/toushin/__icsFiles/afieldfile/2012/10/04/1325048_1.pdf（9 頁）。
(29) http://www.mext.go.jp/component/b_menu/shingi/toushin/__icsFiles/afieldfile/2012/10/04/1325048_3.pdf（37 頁）。
(30) 潮木守一『キャンパスの生態誌　大学とは何だろう』中央公論社，1986 年，38-39 頁。
(31) 文部科学省ウェブサイト http://www.mext.go.jp/b_menu/shingi/chukyo/chukyo0/toushin/1353440.htm 参照。
(32) ただし「小・中学校と比較して高校の場合は『教員主導の講義形式』が依然として多く，いっぽうで『グループ活動を取り入れた授業』や『児童・生徒どうしの話し合いを取り入れた授業』はかなり少ない」といわれている。伯井美徳・大杉住子『2020 年度大学入試改革！新テストのすべてがわかる本』教育開発研究所，2017 年，18 頁。
(33) 大田堯『学力とはなにか』国土社，1990 年，170 頁。
(34) ジェームズ・W. スティグラー＆ ジェームズ・ヒーバート／湊三郎訳『日本の算数・数学教育に学べ―米国が注目する jugyou kenkyuu』教育出版，2002 年。
(35) 文部科学省教育課程課・幼児教育課編『別冊初等教育資料』2 月号臨時増刊（通巻 950 号）東洋館出版社，2017 年，45 頁。
(36) 同上，63 頁。
(37) 同上，64 頁。
(38) 同上，64-65 頁。
(39) 水内宏「教育課程の基礎理論」川合章・城丸章夫編『講座日本の教育 5　教育課程』新日本出版社，1976 年，39 頁。

(40) バーナード・スーツ／川谷茂樹・山田貴裕訳『キリギリスの哲学―ゲームプレイと理想の人生』ナカニシヤ出版，2015 年，41-42 頁。
(41) 齋藤孝『新しい学力』岩波書店，2016 年，25-26 頁。
(42) 寺本貴啓・後藤顕一・藤江康彦編著『"ダメ事例"から授業が変わる！小学校のアクティブ・ラーニング入門―資質・能力が育つ"主体的・対話的な深い学び"』文溪堂，2016 年，14 頁。
(43) 田中博之『アクティブ・ラーニング「深い学び」実践の手引き―新学習指導要領のねらいを実現する授業改善』教育開発研究所，2017 年，102 頁。
(44) 同上，102-103 頁。
(45) 竹内常一『生活指導と教科外教育』民衆社，1980 年，132 頁。竹内をはじめ全国生活指導研究協議会の教師や研究者たちは，学級集団づくり・全校集団づくりによる民主的市民の形成という理念から，文部省の学習指導要領の度重なる改訂が，教科外の子どもの生活・活動を「道徳」や学校行事等や必修クラブや学級指導のなかに囲い込むことになると批判した。
(46) 鈴木秀一「特別活動」青木一他編『現代・教育学事典』労働旬報社，1988 年，579 頁。
(47) 城丸章夫「生活指導とは何か」青木一，同上書，469-471 頁。
(48) 近藤馨一「学校における教育相談」秋山俊夫監修『図説・生徒指導と教育臨床』北大路書房，2002 年，42 頁。
(49) 文部科学省ウェブサイト http://www.mext.go.jpb_menu/shingi/chousa/shotou/024/report/attach/1370701.htm，p. 1 - 2 参照。
(50) 文部科学省ウェブサイト http://www.mext.go.jp/a_menu/shoto/seitoshido/_icsFiles/afieldfile/2018/01/04/1400142_001.pdf，p.23-28 参照。
(51) 同上，p.32。
(52)「性同一性障害」とは，生物学的な性と性別に関する自己意識が一致しないために，社会生活に支障がある状態であるとされる。また「性自認」とは，性別に関する自己意識のことであり，「性的指向」とは，人の恋愛・性愛がいずれの性別を対象とするかを表すものであり，対象が同性に向かう同性愛，男女両方に向かう両性愛などをさす。
(53) 文部科学省ウェブサイト http://www.mext.go.jp/b_menu/houdou/28/4/_icsFiles/afieldfile/2010/04/01/1369211_01. pdf#search 参照。
(54) 文部科学省ウェブサイト http://www.mext.go.jp/b_menu/hakusho/nc/07050101.htm 参照。
(55) 文部科学省ウェブサイト http://www.mext.go.jp/b_menu/shigi/chukyo/chukyo3/044/attach/1321669.htm 参照。
(56) 文部科学省ウェブサイト http://www.mext.go.jp/component/a_menu/education/micro_detail/_icsFiles/afieldfile/2017/10/13/1383809_1.pdf 参照。
(57) 日本環境教育学会編『環境教育』教育出版，2012 年，3 頁。
(58) UNESCO（1997）DECLARATION OF THESSALONIKI, p. 2. 文中の太字は筆者による。
(59) 特定非営利活動法人持続可能な開発のための教育推進会議ウェブサイト http://www.esd-j.org/whatsesd/ 参照。
(60) 文部科学省ウェブサイト http://www.mext.go.jp/unesco/004/1339970.htm，p. 2 参照。
(61) 佐藤学他編著『持続可能性の教育』教育出版，2015 年，6 頁。
(62) ユネスコスクールとは，ユネスコ憲章に示された理念を学校教育で実践するため発足したもので，地球規模の諸問題に若者が対処できるような新しい教育内容や手法の開発，発展をめざしている。世界 182 カ国で 1 万 1500 校が，また国内では 1049 校（小・中・高校及び教員養成系の大学）が参加している。
(63) ユネスコ国内委員会は，「新学習指導要領等における持続可能な社会づくりに関する主な記載」（2017 年 3 月）という文書で，新学習指導要領全体における持続可能社会実現に関する記載箇所を指摘している。
(64)「ESD（持続可能な開発のための教育）推進の手引き」(改訂版，2018 年 5 月）http://www.

mext.go.jp/unesco/004/_icsFiles/afieldfile/2018/07105/1405507_01_2.pdf, p. 7 参照。

参考文献
秋山俊夫監修『図説・生徒指導と教育臨床』北大路書房，2002 年
市川伸一『学力低下論争』筑摩書房，2002 年
江川玫成編『生徒指導の理論と方法　三訂版』学芸図書，2010 年
江川玫成編『特別活動の理論と方法　三訂版』学芸図書，2010 年
梶田叡一『新しい学習指導要領の理念と課題―確かな学力を基盤とした生きる力を』図書文化，
　　2008 年
金子一彦編『最新の教育改革 2018 － 2019』教育開発研究所，2018 年
佐藤学・木曽功・多田孝志・諏訪哲郎編著『持続可能性の教育』教育出版，2015 年
竹内常一『生活指導と教科外教育』民衆社，1980 年
筑波大学特別支援教育研究センター・斎藤佐和・四日市 章編『特別支援教育の基礎理論　第 2 版』
　　教育出版，2016 年
日本環境教育学会編『環境教育』教育出版，2012 年
水原克敏・髙田文子・遠藤宏美・八木美保子『新訂　学習指導要領は国民形成の設計書―その能力
　　観と人間像の歴史的変遷』東北大学出版会，2018 年
渡辺弥生・西山久子編著『必携：生徒指導と教育相談』北樹出版，2018 年

第3章

学校の教師

鈴木 悠太

第1節 学校の教師について学ぶということ

　なぜ，教師という仕事に憧れるのか。それはどのような教師像なのか。教師とはどのようにあるべきなのか。どのようにして学校の教師になるのだろうか。そもそも学校の教師とはどのような存在なのか。本章では，学校の教師に焦点を当てそのあり様について論じていく。

　本章にて学校の教師について学ぶ前から，私たちは，上記のような問いに対し答えることができる。たとえば，学校という場所に初めて入った小学校の担任の教師との出会い，小学校とは異なる場所として認識させられながら入学した中学校の教師たちとの思い出，自分が何であるのかわからなくなりながらもあなたは何になりたいのかを問われつづけた高等学校での教師たちとの歩み。私たちは小学校から中学校，高等学校にいたるまで，およそ1万2000時間にも及ぶ授業を受けてきた。これは学校という場で教育を受けてきた経験であり，1万2000時間という授業による**被教育経験**を有しているのである[1]。そこではあたかも教師という仕事に弟子入りするかのように教師という仕事を学習者の立場から観察してきたのである。それは「**徒弟の観察**（apprenticeship of observation）」[2]と呼ばれる。であるからこそ，私たちは，学校の教師について学ぶ前から学校の教師への憧れやその存在や改善の方向性について，論じることができるのである。

　それではなぜ学校の教師について学ぶのか。それは，学校の教師について自由に考えるためである。私たちは1万2000時間におよぶ被教育経験を有しているがゆえに，学校の教師について考える際に自身の経験にとらわれている。それは，被教育経験を根拠にして学校の教師について思考することよりも以前

の段階にあるといってよいだろう。なぜなら被教育経験にとらわれていることへの自覚がないからである。学校の教師について自由に考えるための第一歩は，この自身の被教育経験の自覚にある。

そのうえで，学校の教師についての**教育学**の概念や理論を得ることで，その概念や理論が照射する被教育経験の光と影を見つめたり見つめ直したりし，被教育経験を超えて，時間と空間を超えて，まったく新しく学校の教師について考えることを可能にするのである。それは，私はなぜ教師の仕事に憧れるのか，どのような教師像に憧れるのか，教師はどのようにあるべきなのか，どのようにして学校の教師として育つことができるのか，学校の教師とはどのような存在なのか，といった一連の問いに対して，自由に考えぬくことを意味している。

本章では，以下において4つの主題を立て，教育学の概念や理論をふまえ学校の教師について考えていく。それは，教師の専門性，教師の学び，教師の「専門家共同体」，学校改革と教師という4つである。

まず，教師の専門性についてである。21世紀にかけて世界規模でなされてきた議論により，教師の専門性をめぐる世界規模での共通の枠組みがつくられつつある。その共通の枠組みを手がかりとして考えていこう。つぎに，教師の学びについてである。教師の専門性はどのように獲得されるのだろうか。教師の学びの特質について考えていこう。教師たちが専門家として共同体を形成することの意義も注目されている。それはどのような新しい視野を私たちに提供するのだろうか。教師の「専門家共同体」について考えていこう。さらに，教師個人から教師の共同体への視点の移動は学校改革についての新しい考察を導いている。学校改革と教師について考えていこう。これらをふまえ最後に希望の教師について改めて考えていこう。

第2節　教師の専門性

学校の教師は，教育の「**専門家（profession）**」として何を**知っている**ことが求められているのだろうか。学校の教師は，どのような**思考**をめぐらせて仕事

をしているのだろうか。そして，学校の教師に対してどのような**専門家像**を描くことができるのだろうか。変動する世界に備え，教師の「**専門性**（professionalism）」とは何かをめぐる世界規模での議論が積み重ねられてきた[3]。本節では，そうした最先端の議論をふまえながら教師の専門性について考えていこう。

● **教師の「知識基礎」**

　教師の専門性とは何か。その基盤に**知識**（knowledge）があると想定する新しい考え方がある。この考え方は，**資質**（trait）に専門性を求める考え方に対して新しく提起された考え方である。すなわち，教師の専門性の基盤を，「**教育内容の知識**」や「**学習者に関する知識**」や「**授業に関する知識**」に求める考え方であり，教師の専門性の向上をそれら知識の高度化に求める考え方である。こうした教師の専門性の基盤となる知識は「**知識基礎**（knowledge base）」と呼ばれる（図3-1を参照）。

　さらに，「教育内容の知識」，「学習者についての知識」，「授業についての知識」が基盤となりそれらが統合された知識として，「**教育学的な教育内容の知識**（pedagogical content knowledge：PCK）」がある。この知識は，よりよい授業をつくりだす際に機能している知識基礎であり，教師の専門性の中心的な知識として世界規模での共通言語となっている概念である。それはたとえば，数学や理科といった教育内容の高度な知識と，学習者がどのように学びどのように発達するのかに関する知識と，一日一日の具体的な授業をどのようにつくり出すのかについての知識とを統合し，授業中において学習者がその教育内容についてよりよく学ぶことを実現する知識である。

　このことは翻って，それぞれの教師たちが有している，「**教育の専門家としての実践のヴィジョン**（vision of professional practice）」を実現するためにさまざまな知識を統合し日々の実践において機能させている知識が「**教育学的な教育内容の知識（PCK）**」であると言い換えることもできる。追求したい教師像と追求したい教室の学びの風景を実現する知識基礎が「教育学的な教育内容の知識

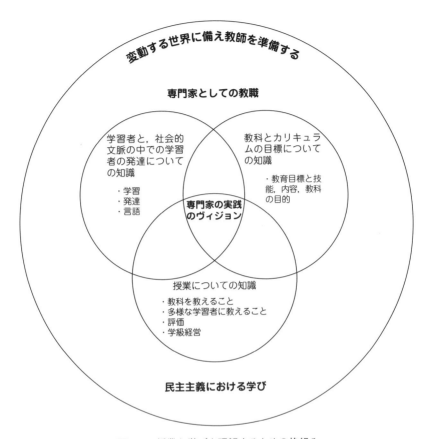

図3-1 授業と学びを理解するための枠組み
出所：Darling-Hammond & Baratz-Snowden（2005）p.6をもとに筆者作成

(PCK)」なのである。

2 教師の「実践的思考」

　学校の教師の専門性のもう一つの中心に，教育の専門家としてふさわしい思考方法がある。このことは，医師や弁護士といった専門家たちが，その専門的な知識を基盤としその領域の専門家にふさわしい思考の方法を駆使して医療の現場や法曹の現場において力を尽くしていることと同様にとらえることができよう。専門家の専門性は，高度な知識基礎のみならず専門家にふさわしい思考

方法にも求められるのである。それは，教職の「知識基礎」を基盤としながら教育の現場において駆使されている，教師の「**実践的思考**（practical thinking）」と呼ばれる。

それでは教師の「実践的思考」とはどのような思考なのだろうか。それにはどのような特徴があるのだろうか。たとえば，熟練教師と初任教師において授業についての思考方法にどのような差異があるのかを解明した重要な研究は次のようにいう[4]。熟練教師は，専門家として特有の「実践的思考」を形成している。それは，①「**即興的思考**」，②「**状況的思考**」，③「**多元的思考**」，④「**文脈化された思考**」，⑤「**思考の再構成**」という5点において特徴づけられるという。

詳しくみてみよう。まず，①「即興的思考」とは，刻々と変化する授業の局面に対して即座にその局面を細やかに描写を把握することのできる思考である。②「状況的思考」とは，授業中に生起する事実に対する解釈や推論を展開する思考である。それは状況への積極的な関与と熟考を必要とする思考である。③「多元的思考」とは，授業の事実の複合性に迫ることを可能にする思考であり，単に授業者一人の意図や視点から思考をめぐらすのではなく，学習者全体や個々の学習者の意図や視点からも思考をめぐらす。④「文脈化された思考」とは，たとえば一つの学習者の発言をその前のその子の発言やほかの子の発言との時間的・空間的な関係のなかでとらえることを可能にする思考である。その時間軸は，一つの授業時間内や複数の授業から成る単元や年間のカリキュラムといった時間軸にまで及ぶこともある。そして，⑤「思考の再構成」とは，以上のような複雑な思考を展開し授業の複雑な事実を的確にとらえながらも，常にその問題の構成を吟味し再構成を行うことができる思考である。

熟練教師が示す日々の授業の豊かさは，こうした幾重もの「実践的思考」によって授業中に生起する事実の複雑さを解明することにより支えられているのである。

3 「省察的実践家」としての教師

　以上にみてきたように，学校の教師たちは，「教育内容の知識」，「学習者の知識」，「授業の知識」といった「知識基礎」にもとづき，日々の授業において「即興的思考」や「状況的思考」など，そしてそれらの「思考の再構成」までを含む「実践的思考」を駆使し，学習者の学びを生みだし支えているととらえることができる。

　しかしながら，このような教師像は専門家として適しているだろうか。この教師像は，確固たる教育学の理論により自ずと導き出される単一の解決策を講じるような専門家像とはほど遠い。むしろ，「思考の再構成」までを含むような複雑さを増す実践の展開は，あたかも沼地のような現場において試行錯誤を繰り返すアマチュアを想起させはしないだろうか。整然とした高台から理論を現場に適用させるのが専門家なのではないだろうか。ここに，私たちの**専門家像**をめぐる議論が伏流しているのである。

　ある一冊の本が新しい専門家像を提起した。マサチューセッツ工科大学のドナルド・ショーン（Donald Schön）による『省察的実践家—専門家は活動の最中でいかに考えるのか』(1983)である[5]。それ以後，専門家像をめぐる新しい議論が世界規模で展開することになった。同書は，建築家，精神分析家，エンジニア，経営者といった専門家の実践を分析することを通して，それまで前提とされてきた専門家像の概念を提起しその自覚化を促し，それに代わる新しい専門家像を提起したのである。

　従来からの専門家像は「**技術的合理性**（technical rationality）」を基礎とする「**技術的熟達者**（technical expert）」であり，新しい専門家像は「**活動のなかの省察**（reflection-in-action）」を基礎とする「**省察的実践家**（reflective practitioner）」である。高台から現場を見下ろす専門家像が「技術的熟達者」であり，それに対して「省察的実践家」という概念は，沼地のような現場において複雑な問題に対峙する新しい専門家像を浮かび上がらせたのである。

　詳しくみていこう。「技術的合理性」とは，「科学的な理論や技術」を実践の問題に合理的に「適用」することをさしている。すなわち，「技術的合理性」

を基礎とする専門家は，理論か技術の適用による「問題解決」を強調する専門家である。翻って「技術的合理性」が前提とするのは，科学を上位に実践を下位に位置づける階層制であり，科学者と実践者の階層制である。いっぽう，「省察的実践家」は，絶えざる**状況との対話**(conversation with situation)」を通じて，専門家としての「活動のなかの省察」を駆使する。これは「**問題設定**」を強調する専門家である。すなわち，専門家の実践が埋め込まれている状況を的確に把握し，それに対する専門家としての活動を展開しながらも，その最中においても「省察」し，よりよい「問題設定」を追究する。ただし，「省察的実践家」において「問題解決」は否定されたり無視されたりしているわけではないことに注意が必要である。「省察的実践家」においては，「問題解決」が「問題設定」の過程の一部として組み込まれているのである。

ショーンによって提起された新しい専門家像である「省察的実践家」として教師をとらえるとき，「**子どもに理(ことわり)を見いだす**(give child reason)」という示唆的な原則に注目しておこう。「省察的実践家」としての教師は，決して教育実践におけるクライアントである学習者との関係を，従来の「教える－教えられる」という関係にとどめ「理」を専有するのではない。「省察的実践家」としての教師は，学習者に「理」を見いだし，その「理」を手がかりとして，教師と学習者とがともに探究する関係を構築するのである。

第3節　教師の学び

学校の教師は，その専門性をどのように獲得するのだろうか。教師たちは，教育の専門家として，その「知識基礎」や「実践的思考」や「省察」をどのように学んでいくのだろうか。そうした教師の学びにおける中心的な方法とは何であろうか。本節では教師の学びについて考えていこう。

❶ 教師はどのように学ぶのか

教師は，教育の専門家の専門性である「知識基礎」や「実践的思考」や「省

察」をどのように学ぶことができるのだろうか。そこに教師という職業に特有の課題や困難はあるだろうか。本項では次の3つの課題について考える。それは,「授業に関する誤概念 (misconceptions about teaching)」,「行為化の問題 (problem of enactment)」,「複雑性の問題 (problem of complexity)」である[6]。

第1節で述べたとおり,私たちにはすでに1万2000時間に及ぶ被教育経験がある。このことにより私たちには授業に関する「先入観 (preconception)」が強固にあり,それはときに授業に関する「誤概念 (misconception)」として作用する。たとえば,授業とは教師がつくるものであり,それは教師の人間性に大きく依存するという先入観である。この先入観が見えなくしているのは,第一に,授業における学習者の役割であり,学習者による教師への影響である。授業というものを考察するうえで,教師の言動にのみ焦点を当てるのは十分な認識とはいえない。第二に,教師の人間性や気質に授業の成否の要因を求めることで,教師の専門性を構成する「知識」や「思考」や「省察」といった要素を想像させることをむずかしくしてしまう。

こうした「授業に関する誤概念」の存在を正しく認識したうえで,それを「踏み台」として,その概念の再検討やその再構築を意識的に導いていくことが鍵となる。ここに教師の学びに関する第一の課題がある。

第二に,教師の学びにおいて鍵となるのは「行為化 (enactment)」の問題である。教師の仕事は実践にある。それゆえ,教師は学んだことを「行為」に置き換えることが必須である。翻って,教師の学びは「行為」において表現されるということもできるだろう。ここに教師の学びに特有の可能性と困難がある。すなわち,一方で教師の学びは「行為」において表現されることから,教師が概念や理論として学んだことと「行為」との間に力動的な関係を期待することができるのである。それはときに知識を超える「行為」を実現しそのことが新たな知識を創出する契機となる可能性を有している。しかし同時に,「行為」に大きく依存してしまうことで,概念や理論のないその場しのぎの「行為」を継続しそれを強化してしまうことにもなりかねない。たとえば目の前の学習者とのその場しのぎのやり取りにのみ長けて,学習者の学びを疎かにしてしま

うという危うさである。

　そして第三に,「**複雑性**（complexity）」の問題である。すなわち,授業は複雑な営みであるということの認識の形成の問題であり,それは複雑さを解消することをめざしているのではないという理解が鍵となる。授業は,教師,学習者,教育内容を頂点とする三角形で表現されることが多い。ただし,その三角形は,多数の生徒との間で形成されるものであり,授業の展開に即して対象となる教育内容も展開していくという変動し連動する複数の三角形である。そして,そのような授業の複雑さは,授業中において解消されることはない。すなわち,授業という営みは,「**教育学的なジレンマ**（pedagogical dilemma）」の「やりくり（management）」に終始するのである[7]。それはたとえば,教育内容を網羅することと個々人の理解に注意を払うことのジレンマであり,達成に向けて生徒を力強く押し上げることと居心地のよい学習環境を提供することのジレンマであり,卓越の追求と平等の追求のジレンマである。そうした「教育学的なジレンマ」と付き合いつづけること,そのことの理解が授業の「複雑性」の問題であり,教師の学びの中核を形成していくのである。

❷ 方法としての「事例研究」

　教師の学びの中心的な方法に「**事例研究**（case method）」と呼ばれる方法がある。「事例研究」とは,医師が医療事象のケースをもちよって議論を重ねるケース・カンファレンスや,弁護士が過去の判例にもとづき考察を深める判例研究に特徴づけられるように,専門家としての実践を事例として対象化し,専門家どうしでその事例から学び合い,専門家としての力量を協同的に形成する方法である。

　「事例研究」が専門家としての力量を高める方法であるとするならば,教師の専門性に関わって「事例研究」はどのような意義をもつのであろうか。以下では次の3つの観点から考えていこう。第一に「事例研究」による「**知識基礎**」の理解である。それは,教育の具体的な事例にもとづき,「**教育学的な教育内容の知識**（PCK）」の理解を深めていくことである。たとえば,授業中のグルー

プ・ワークの際に，○○さんと△△さんがかかわり合うなかで，教育内容を図示した教材が有効に機能したり，期待とは異なり教育内容の理解を阻害してしまったりしたという事例の検討を通して，単元の教育内容の理解（**教育内容の知識**）や，学習者の学び方についての理解（**学習者に関する知識**）やグループワークの組織の仕方についての理解（「**授業に関する知識**」）を具体的な事例に即して深めていくということである。

　第二に「事例研究」による「**実践的思考**」の深化をあげることができよう。それはたとえば，教育の具体的な事例を共有しながら，その事例の刻々と変化する細部の理解と想像を展開したり（「**即興的思考**」），その理解し想像した事例の状況に対する的確な解釈や推論を展開したり（「**状況的思考**」），ときにはその想像以上に複合的で複雑な実践の事実に迫ったり（「**多元的思考**」）することである。具体的には，ある障碍をかかえる同級生とともに，居心地のよい教室と学び合う関係をどのようにつくっていくのかという事例を想定しよう。その「事例研究」を通して，その障碍についての知識の理解にとどまることなく，その子の変化，その子の周りの子たちの変化，その関係性の変化についての理解と想像や，その子の不安が生み出される状況，その子の快楽が生み出される状況に対する的確な解釈や推論，そして，その子たちの安定的な関係がつくり出され得る因果関係に対する考察（「**文脈化された思考**」），さらには，思いがけない事実の発見や新しい事例との遭遇により，それまでの解釈や考察を根本から考え直す必要に直面すること（「**思考の再構成**」）などの展開を指摘することができよう。

　そして第三に「事例研究」による「**省察**」の言語化をあげることができる。教育の具体的な事例を検討することは，教師の「**活動のなかの省察**」を言語化し対象化することを可能にする。すなわち，その具体的な事例の最中においてその教師が瞬時の「**判断**」の根拠とした暗黙の無意識のうちの「省察」に光を当てることができるのである。なぜそのような判断を行ったのか，どのようにしてその判断が生み出されたのか，教師本人においても必ずしも明瞭ではなかった「省察」を言語化する作業は，本人における「省察」の対象化と検討を可能に

し，さらに教師間において個別の「省察」を言語化し共有することを可能にするのである。こうした作業は，教師の知識の「**暗黙の次元**（tacit dimension）」(「**暗黙知**（tacit knowledge）」)を言語化するという意味を帯びてもいる[8]。すなわち，教師自身がわかっていないことを言語化するということではなく，暗黙的ではあるがわかっていることを言語化しその知識を対象化し改善することを意図しているのである。

❸ 事例研究としての「授業研究」

2000年代にかけて日本の「**授業研究**」に世界的な注目が集まった[9]。日本の教育水準の高さは日本の教師たちの力量の高さに求められ，教師たちが力量を高め合う方法として日本の「授業研究」が世界的に注目されたのである（たとえば，2007年に国際学会である「世界授業研究学会（World Association of Lesson Studies）」の創設）。日本の「授業研究」は「**レッスン・スタディ**（lesson study）」と翻訳されその実践と研究に対する国際的な交流の端緒が開かれたのである。

たしかに，日本において「授業研究」という営みは一世紀以上の蓄積があり，日本に特有の教師文化を形成してきたといえよう。それは同僚教師間で授業を事前に開発し，「**研究授業**（research lessonと訳される）」として実践を公開し，その授業について検討し，さらなる授業の開発に生かしていくという，授業について研究する一連の営みである。しかしながら，日本において「授業研究」の目的や様式は多様であり，その実践と研究の展開は多岐にわたる。ここでは教師の専門性を開発する「**事例研究**」として「授業研究」をとらえ，「**技術的熟達者**」と「**省察的実践家**」の二つの専門家像に即しながら「授業研究」を特徴づけてみよう。

稲垣忠彦と佐藤学が「授業研究」の様式を，その目的・対象・基礎・方法・特徴・結果・表現の7項目において「**技術的実践の授業分析**」と「**反省的実践の授業研究**」の二種類を区別している点は示唆的である[10]。この前者が「技術的熟達者」の専門家像を，後者が「省察的実践家」の専門家像を想定していることも注目される。

ここで留意しておきたいことは，前者の様式の「授業研究」が「**問題解決**」を志向し，後者の「授業研究」が「**問題設定**」を追求していることである。それゆえ，「技術的実践の授業分析」においては，研究授業における「問題解決」のために研究授業にいたるまでの授業の開発の過程が強調される。言い換えれば研究授業における「**技術的合理性**」を追求しているのである。他方，「反省的実践の授業研究」においては，研究授業の実施を通して新しい「問題設定」を追求しているのであり，研究授業を一つの**事例**として教師の専門性を高めることを求めている。「反省的実践の授業研究」において第一に焦点を当てるのは「**活動のなかの省察**」である。すなわち，授業のなかで学習者の学びがどのように展開しどのように停滞していたのかを洞察する力である。

　稲垣が日本の「授業研究」の閉塞を開く方途として「省察的実践家」の専門家像を想定する「反省的実践の授業研究」を評価したことは重要である[11]。「授業研究」の目的と様式もまた，教師の専門性とその学びについての検討を含んで開発される必要があるのである。「授業研究」が世界規模で普及する今日において，「授業研究」は方法であり，それが「閉塞」を導くことにも「閉塞」を開くことにも機能するという批判的な視点が鍵となる。

第4節　教師の「専門家共同体」

　前節において学校の教師はどのように学ぶのか，その中心的な方法は何かについてみてきた。それでは，そうした教師の学びはどこで生まれるのか。教師の学びが生み出される場所は教師自身によってどのようにつくり出すことができるのだろうか。本節ではそれらのことについて考えていこう。

1　教師の実践

　まず，ここまでに考えてきた「**省察的実践家**」としての教師において，その教育実践の質は「**進歩的**（progressive）」であると特徴づけることができよう。「**進歩主義**（progressivism）」の教育はジョン・デューイ（John Dewey）にさかの

ぼることができる。それは，教育という営みにおいて第一に学習者の学びの経験を中心におくという思想である。教育は，学習者において学びが生み出されているか否かが最も重視されるべきであるという思想であり，教育の発展と民主主義の共同体の構築を強調する思想である[12]。

「省察的実践家」である教師たちが学校現場の実践の最中において駆使する**「活動のなかの省察」**は，学習者である**「子どもに理を見いだす」**ことへと連なっていた。すなわち，学習者の認識における主体性を尊重することであり，そのうえで教育者と学習者とが共に探究する経験をつくり出すことが教育の営みであるというスタンスである。

それでは，そうした「進歩的な」教育実践はどのように生み出されるのだろうか。この問いと，教師の学びはどこで生み出されるのかという問いは強く関係してくるのである。

高等学校における授業改革の現場では何が起きているのかを，集約的なフィールドワーク調査や継続的な質問紙調査などを通じて明らかにした，スタンフォード大学のミルブリィ・マクロフリン（Milbrey McLaughlin）らの重要な研究がある[13]。とくにこの研究は，社会的経済的に多くの困難をかかえる生徒たちを引き受けつづける複数の高等学校の現場に対する調査研究であったことが鍵となる[14]。そうした多くの困難をかかえる生徒たちを目の前にして高等学校の教師たちがつくり出す授業実践は次の三つのタイプに分けられたという（表3-1参照）[15]。

第一は，「**従来からの実践の実行**」である。生徒たちにおいて学びが生み出されているか否かにかかわらず，従来どおりに教師が生徒に対して一方向で語り続ける授業のスタイルである。生徒たちは受動的な役割を求められ，教育内容の知識に関しては所与性が強調される。多くの教師たちは，それが無情な実践であることを痛いほどわかってはいても既定の教育内容の範囲を網羅することを優先するとマクロフリンは指摘する。このタイプの実践が最も多いのである。

第二は，困難をかかえる生徒たちを目の前にして教師たちは，「**期待と基準**

表3-1 教室の授業実践のパターン

実践のパターン	教育実践の諸次元			教育の成果
	生　徒	内　容	教育学	
従来からの実践の実行	受動的な学習者の役割	静的な教科；所与の知識	所定の方法，教師中心	従来の生徒のみの成功
期待と基準を下げる	受動的な学習者の役割	教科内容の水増し	所定の方法，教師中心	すべての生徒の限られた成功
学習者が参加する革新	積極的な学習者の役割	動的な教科；知識の構築	所定の方法ではない，生徒中心	従来とは異なる生徒の成功の増加

出所：McLaughlin & Talbert, 2001, p.19をもとに筆者が作成

を下げる」。カリキュラムの内容を薄めたり，既習の教育内容の補習に終始したりする対応である。この種の実践は，教師たちの善意から生まれるものや生徒に対する諦観から生まれるものもある。

　そして第三に，「**学習者が参加する革新**（innovation）」である。教師と学習者がともに探究者として授業に参加する革新であり，「進歩的な」教育実践である。ここでは教育内容の力動性と知識の構築性が強調される。この第三の実践のタイプが最も少なかったという。

　そこでマクロフリンらは次のことに注目した。調査した同じ高等学校のなかでも教科によって対応が異なること，教科を同じくしても近隣の高等学校において対応が異なっていることである。このように共有する条件が多いなかでの多様な対応のあり様はどのようにして生み出されるのか。これがマクロフリンらの問いであった。

　マクロフリンらの結論は，次のとおりである。困難をかかえる生徒たちに対する授業の多様な対応は，その教師の「**文脈**（context）」に依存する，すなわち教師の共同体に依存するというものであった。きわめて少数ながらも困難な学校にあって「進歩的な」教育実践が生み出されていたのは，教師の「**専門家共同体**（professional community）」を形成している教師たちだったのである。すなわち，教師たちが同僚教師たちと専門家としての連帯を形成し，そこにおいて「進歩的な」実践を生み出すために必要な「**専門家としての学び**（professional learning)」を協同的に実現していることが鍵を握っていたのである。ここに教育実践の質の問題と，教師の学びの問題とが関わる方途があったのである。教師の「専門家共同体」は，「**革新と学習の規範**」，「**省察，フィードバック，問題解決の能力**」，「**民主的な意思決定**」，「**すべての生徒に対する有効な授業実践の開発を最優先する**」という4点において特徴づけられる教師の共同体である[16]。

❷ 教師の共同体

困難な生徒たちを目の前にしても「学習者が参加する革新」を教室の授業において実現する教師たちの「文脈」が教師の「**専門家共同体**」である。それでは，「従来の実践の実行」や「期待と基準を下げる」ような対応を含め，多様な授業実践はどのような教師の共同体を「文脈」としているのだろうか。ここでは教師の共同体の類型について考えていこう（図3-2参照）[17]。

教師の共同体に関する仮説は次のように示される。授業の伝統的な様式が教室においていかに展開されるのかは，教師の共同体の「強度」と「性格」に依存している，という仮説である。それではまず，教師の共同体をその強度において分類しよう。すなわち，「**強い教師共同体**」と「**弱い教師共同体**」である。教師たちが形成する共同体の結びつきの強度の差異に注目した分類である。

まず，「弱い教師共同体」においてはその「性格」は問題とはならない。「弱い教師共同体」においては教師共同体からの影響は弱く，個々の教師の「価値と信念」によって授業実践が展開されるからである。「弱い教師共同体」においては教師個々の「価値と信念」によって「従来の実践の実行」や「期待と基準の低減」や「孤独な革新」という実践が生み出されるのである。

「強い教師共同体」においてその「性格」が重要になってくる。教師どうしが強い結びつきをもった共同体が「**伝統的共同体**（traditional community）」なのか「**教師の学習共同体**（teacher learning community）」なのかという性格の差異である。「伝統的共同体」が有する「実践の文化」が授業実践に関する「伝統の強化」を導く。いっぽう，「教師の学習共同体」が有する「実践の文化」が「実

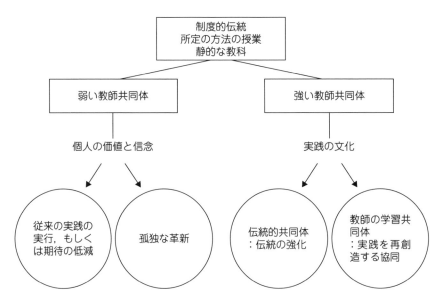

図3-2　教職においていかに教師共同体が制度的伝統を媒介しているのか
出所：McLaughlin & Talbert, 2001, p. 62をもとに筆者が作成

践を再創造する協同」を促すのである。

3　教師のキャリア

　教師の「専門家共同体」に注目する視点は，その教師たちの実践の類型論や共同体の類型論に通じるだけでなく，教師たちの「キャリア」の類型論にかかわってくるのである。ここでいう「キャリア」とは，その狭義の意味である，教師の職業上の公式の構造である職階やその昇進に関する事柄にとどまらず，教師の「**専門家としての報酬**（professional rewards）」に焦点を当てている。「専門家としての報酬」とは「授業や生徒や同僚との関係の質」によってもたらされる。

　ある学校のある教科部においては教師が瑞々しく教育の専門家としてキャリアを経験している一方で，隣の教科部においては専門家としての誇りや敬意が失われ教室から逃げ出す欲望にさいなまれるキャリアを経験する教師がいる。

この対照的なまでのキャリアは何によって生み出されているのか。このことについて次の3つのキャリアの類型に即して考えていこう（表3-2参照）[18]。

第一に「**停滞・下降するキャリア**」である。これは教師間の関係において「**私事性の規範**」が優先されている状況においてみられるという（「**弱い教師共同体**」）。教師どうしが私事的な仕事として授業を行い、隣の教室の授業や自身の授業の前後の授業には関与しないという状況である。これは一種の自律性であり、そのことに誇りを感じることもできるが、教師の仕事は孤立し同僚教師からの支援を欠く状況にある。孤立する教師たちには、「年功序列の論理」によって授業が割り当てられる。それは、長い在職期間が特権を生み出すため、新任教師においてはその希望が考慮されないことを意味している。このキャリアにおいて「専門家の報酬」は割り当てられる生徒や職務の社会的地位に依存する。すなわち、勤務する学校がおかれた状況が悪化し困難をかかえる生徒たちを担当することは「専門家の報酬」を減じることを意味する。

第二に「**相互に異なるキャリア**」である。これは教師間の結びつきの強い「**伝統的共同体**」において特徴づけられるという。とくに、中等教育段階でしばし

表3-2　教師の職業生活とキャリアのパターン

教職キャリアのパターン	教師の職業生活の諸次元		
	同僚関係	割り当てられる課程と生徒	専門家としての報酬
停滞・下降するキャリア【弱い教師共同体】	孤立する専門家：社会的関係による私事性の規範の強化	年功序列の論理：在職期間の特権	教える生徒によって変わる教職固有の報酬：生徒と専門職の社会的地位に基づく名声
相互に異なるキャリア【伝統的共同体】	課程のトラッキングと生徒のテストに関する調整	熟達の論理：資格証明による教師のトラッキング	教職の資格証明と職務による教職固有の報酬：資格証明された専門知識に基づく名声
共有・前進するキャリア【教師の学習共同体】	授業と学習に関する協同	平等の論理：担当課程のレベルは教師のローテーションによる	集団的な成功とともにある教職固有の報酬：専門的成長に基づく誇り

出所：McLaughlin & Talbert, 2001, p.78をもとに筆者が作成

ばみられる「**トラッキング** (tracking)」と強く関係してくる。トラッキングとは，能力別・習熟度別・進路別にカリキュラムを準備し，学習者を能力別・習熟度別・進路別に水路づける教育システムのことである。ここでの教師間の関係は，トラッキングに関する調整に終始していることも重要である。トラッキングを管理し維持することにおいて教師の共同体が形成されているのである。

そこでは，生徒のトラッキングに対応して**教師のトラッキング**が機能することになる。すなわち学位や資格証明にもとづく「熟達の論理」によって教師が序列化される。先の年功序列の論理とは異なる論理ではあるが，割り当てられた生徒や教育課程に対応して「専門家の報酬」が獲得されるのである。ここでは，困難をかかえる生徒や低いトラックの生徒たちの授業が周辺化されてしまいかねないことと，教師たちの学習機会がトラッキングに応じて制限されてしまうことが問題として指摘することができよう。

そして第三に「**共有・前進するキャリア**」である。このキャリアを可能にするのが「**教師の学習共同体**」である。教師たちの関係は授業と学習に関する協同的な関係にある。「弱い教師共同体」とも「伝統的共同体」ともその性格において対照的であることに留意しておきたい。

ここでは「平等の論理」によって生徒や教育課程が教師に割り当てられる。これが意図するところは，最も熟達度の低い教師は最も困難な教室を担当するべきではないということであり，最も困難をかかえる生徒たちの授業が最も取り組みがいのある授業であるという共通の認識を導いているのである。多様な生徒たちへの多様な授業づくりが教師の協同によって挑戦されているこの共同体において教師たちは，自身の「専門家の学び」と教室での成功からそして同僚教師の学びと成功を支えることからも，精神的かつ教職に内在的な「専門家の報酬」を獲得しているのである。ここに，瑞々しい教育の専門家としてのキャリアの実現がある。

第5節　学校改革と教師

　公教育の担い手である学校の教師は，教育政策を実施する政策の担い手であるといえよう。すなわち教師は，教育政策の最前線である学校現場での政策の担い手なのである。本節では，教育政策と教師について，学校改革という視点から考えていこう。以下でのその論点は，教師の「専門家としての自律性」，「改革の担い手」としての教師，学校改革と授業改革の3点である。

❶　教師の「専門家としての自律性」

　これまで教師が協同的に仕事をすることや教師の「専門家共同体」を形成することの意義について考えてきた。それでは，そうした教師の協同的な関係における教師の「**自律性**（autonomy）」とはどのように考えることができるのだろうか。とくに，「**専門家としての自律性**（professional autonomy）」とはどのようなものとして考えていくことができるのだろうか。それは，教師が孤立して仕事をするような自律性とどのように異なるのだろうか。

　教師の協同に熱狂的な注目が集まったことをふまえ，かつて教師の「同僚性（collegiality）」の概念を提起しその先鞭をつけたカリフォルニア大学バークレー校のジュディス・リトル（Judith Little）が，教師間の協同的な活動を分類しその意義を論じたのが図3-3である[19]。ここでは，より独立的な活動から相互依存の程度が増す活動へと4つの活動が整理されている（「一方的に話しかける，ざっと見る」，「手伝う，援助する」，「共有する」，「**共同作業**（joint work）」）。

　リトルは，前者の3つの活動では，「**風土病的な不確実性**（endemic uncertainties）」を特徴とする授業について，その複雑さを同僚どうしが理解するには十分ではないとした。リトルは，それら以上の「共同作業」において教師の協同を見いだすことができるとしたのである。この「共同作業」においてリトルは，「**集団的な自律性**（collective autonomy）」と「**教師間の主導性**（teacher-to-teacher initiative）」が求められるとした。すなわち，教師個人ではなく教師の集団としての自律性と同時に，教師個々人の主導性がいかんなく発揮されることが両立していること

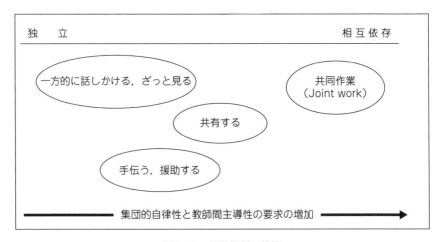

図 3-3 同僚関係の差異
出所:Little, 1990, p. 512 をもとに筆者作成

が強調されているのである。ここに教師の「専門家としての自律性」の特徴を見いだすことができよう。

2 「改革の担い手」としての教師

教師の「専門家としての自律性」を「集団的な自律性」と「教師間の主導性」において理解したとき、学校改革を求めてくる教育政策とのかかわりはどのように考えたらよいのであろうか。

かつてイギリスに端を発しアメリカにおいて勢いをもって普及した「進歩主義教育」である「オープン・エデュケーション(open education)」の全米規模での学校改革があった。この全米規模の学校改革はアメリカ連邦政府も大胆な教育政策を展開し熱心に支援したのである。この学校改革についての評価研究である「**ランド・変革の担い手研究**(Rand Change Agent Study)」の報告書は示唆的である[20]。

この評価研究は、4年間にわたり全米 18 州 293 の学校改革のプログラムに対する調査を行ったのである。その結論は次のとおりである。改革を成功的に実施した事例は稀であり、長期にわたって改革を継続した事例はさらに稀であ

る。「ランド・変革の担い手研究」は驚くべき調査結果を明らかにしたのである。それでは，なぜ改革は低調に終わったのだろうか。稀有な改革の成功はどのようにして成し遂げられたのだろうか。

　この報告書は，改革の成功的な実施は，「**相互適応**（mutual adaptation）」の過程として特徴づけられるとした。改革の実施は，教師と制度的状況の間における**相互に適応的な過程**であることを必要とするという。すなわち，学校改革の成功は，教室実践と教育政策とが相互に適応する過程であり，時間をかけて改革の目標や方法が「**改革の担い手**」自身の手によって具体化される過程なのである。

　教育政策による学校改革と教師との関係は，政策の一方向的な押しつけによる教室実践の改革はいうに及ばず，教室実践からの政策への一方向的な押しつけも改革を成功させないとして退けられているのである。「**改革の担い手**」としての教師は，教室実践の改革と教育政策の改革を同時に求めることを可能にする結節点に存しているのである。

3　学校改革と授業改革

　よりよい授業づくりを授業改革と呼び，よりよい学校づくりを学校改革と呼ぶならば，**授業改革の追求は同時に学校改革の追求を必要とする**。ここでは，この視点について考えよう。

　目の前の学習者たちのためによりよい授業をつくりたい。目の前の学習者たちとよりよい授業をつくりたい。そのよりよい授業を実現する基盤として，教師の**専門性**がある。第2節において考えてきたように，教師の専門性は**知識，思考，省察**の3点からとらえることができる。授業づくりには，その授業のための準備の過程から，その実践，その最中での判断，そしてその後の検討という一連の過程があり，その一連の過程において知識，思考，省察が中心的に機能するのである。

　そしてその一連の過程は，教師の**学び**の過程であることも注目されよう。すなわち，授業づくりの一連の過程は授業実践の**事例研究**の過程であり，それは

授業研究という様式として定式化され発展してきている教師の学びの方法なのである。

　こうした教師の専門性と学びを中核に据えるとき，教師という教育の専門家像は，「**省察的実践家**」に求められる。この「省察的実践家」としての教師において，**他者**の存在が強く求められるのである。授業というきわめて**複雑**な営みを中心におく専門家は，その準備と実践と検討のすべての過程において，他者である同僚教師との**協同**を必要としているのであり，その協同において専門家としての実践を実現することができるのである。授業改革は教師の学びなくしては実現しない。教師の学びは，学校に教師の「**専門家共同体**」を築く学校改革を求めている。

第6節　希望の教師，教師の希望

　本章は，教師という仕事への憧れから書き起こしてきた。一人ひとりにおいて蓄積されてきた**被教育経験**にもとづき，ただし，**教育学**を学ぶことを通してその経験によるとらわれを自覚しながら，教師について**自由**に考えたとき，その一人ひとりにおいて**希望の教師**の像が結ばれることだろう。

　それは，担当する教科とその背景にある学問に対する確かな知識とその知識を更新する姿勢を有する教師像かもしれない（知識基礎としての「**教育内容の知識**」）。学習者の学びを的確に支えること，学習者どうしの協同的な学びを確実に支えること，その躓きを受け止め寄り添える信頼をおける教師像かもしれない（「**学習者に関する知識**」）。教室における授業が常に教室を超える学びを促すような授業，一日一日の授業が数十年間のスパンでの社会の発展を展望するような授業，夢中になってあっという間に過ぎ去る授業が常に過去の学びの履歴とつながりその大胆な再構成を導いてくれるような授業。そうした授業を展開する教師像かもしれない（「**授業に関する知識**」）。もちろん，これらが統合されたところに独自に結ばれる希望の教師像もあろう。そうした希望の教師像の一つひとつが，かけがえのない教師像である。希望の教師像を描くこと自体が，教育

学を学ぶことの意義であるといってもよいだろう。

　こうした希望の教師たちにとっては何が希望なのだろうか。希望の教師への想像力は，**教師の希望への想像力**をもつことでより確かなものとなろう。教師の希望とは何なのか。それはどのようにして手繰り寄せることができるのだろうか。

　本章のこれまでの記述において，教師の「**専門家としての報酬**」という概念は教師の希望への想像力を駆り立ててくれる。教師たちは，日々の一つひとつの授業において多様な「**実践的思考**」を駆使して，学習者の学びを生みだすよう力を尽くしている。教室の状況は常に「**教育学的なジレンマ**」を引き起こしており，確かな「**知識基礎**」をもとにしたしなやかな「**実践的思考**」や「**省察**」を展開してもなお，すべてのジレンマが解消されるわけではない。授業や教育という営みは決して容易に達成されるものではない。

　教師の「**専門家としての報酬**」は，授業の質，生徒と教師との関係の質，同僚教師との関係の質によって生み出される「**精神的な報酬**」を基本としていた。「教育内容の知識」の卓越か，「学習者の知識」の卓越か，「授業に関する知識」の卓越か，それらの統合における卓越か，希望の教師像は多様であろうとも，教師の希望は思いがけない日々の教室の小さな物語のなかに存しているのである。その日々の教室の小さな物語の編み直しに学校の教師は賭けている。

注
(1) 佐藤学『教育の方法』〈放送大学叢書011〉左右社，2010年，8頁。
(2) Lortie, Dan. C.(2002) *Schoolteachers: A Sociological Study With a new Preface*, The University of Chicago Press, Chicago, IL, p.61.
(3) Holmes Group (1986) *Tommorow's Teachers; A Report of The Holmes Group*, The Holmes Group.; Darling-Hamond & Baratz-Snowden (2005) National Academy of Education Committee on Teacher Education, *A Good Teacher in Every Classroom: Preparing the Highly Qualified Teachers Our Children Deserve*, Jossey-Bass, San Francisco, CA. p. 6 (L. ダーリング-ハモンド＆J. バラッツ-スノーデン編／秋田喜代美・藤田慶子訳『よい教師をすべての教室へ——専門職としての教師に必須の知識とその習得』新曜社，2009年)。
(4) 佐藤学・岩川直樹・秋田喜代美「教師の実践的思考様式に関する研究（1）——熟練教師と初任教師のモニタリングの比較を中心に」『東京大学教育学部紀要』第30巻，1990年，177-198頁。
(5) Schön, Donald A. (1983) *The Reflective Practitioner: How Professionals.* (ショーン，ドナルド／佐藤学・秋田喜代美訳『専門家の知恵——反省的実践家は行為しながら考える』ゆみる出版，2001

年）。
(6) Darling-Hamond & Baratz-Snowden（2005）*op. cit.*, p.33.
(7) Lampert, Magdalen（1985）How Do Teachers Manage to Teach? Perspectives on Problems in Practice, *Harvard Educational Review*, Vol. 55, No. 2, pp.178-194.
(8) ポランニー，マイケル／高橋勇夫訳『暗黙知の次元』〈ちくま学芸文庫〉筑摩書房，2003年，18-20頁。
(9) Stigler, James W. & Hiebert, James（1999）The Teaching Gap: Best Ideas from the World's Teachers for Improving Education in the Classroom, New York, Summit Books: Lewis, Catherine（2002）Lesson Study: A Handbook of Teacher-led Instructional Change, Philadelphia, Research for Better Schools.
(10) 稲垣忠彦・佐藤学『授業研究入門』〈子どもと教育〉岩波書店，1996年，118-123頁。
(11) 同上書，143-148頁。
(12) デューイ，ジョン／市村尚久訳『学校と社会―子どもとカリキュラム』〈講談社学術文庫〉講談社，1998年，62-63頁；95-96頁。
(13) McLaughlin, Milbrey Wallin（1993）What Matters Most in Teachers' Workplace Context? In Little, Judith Warren & McLaughlin, Milbrey Wallin.（ed.）*Teachers' Work: Individuals, Colleagues, and Contexts*, Teachers College Press, New York, pp. 79-103。
(14) 鈴木悠太『教師の「専門家共同体」の形成と展開―アメリカ学校改革研究の系譜』勁草書房，2018年，178-186頁。
(15) McLaughlin, Milbrey Wallin & Talbert, Joan E.（2001）*Professional Communities and the Work of High School Teaching*, The University of Chicago Press, Chicago and London., p.19.
(16) McLaughlin（1993）*op cit.*, pp. 94-96.
(17) McLaughlin & Talbert（2001）*op cit.*, p.62.
(18) *ibid.*, p.78.
(19) Little, Judith Warren（1990）The Persistence of Privacy: Autonomy and Initiative in Teachers' Professional Relations, *Teachers College Record*, Vol. 91, No. 4, p. 512.
(20) アメリカを代表するシンクタンクであるランド研究所（Rand Corporation）においてマクロフリンらが主導した調査結果である。Berman, Paul and McLaughlin, Milbrey Wallin（1978）*Federal Programs Supporting Educational Change, Vol. Ⅷ : Implementing and Sustaining Innovations*, Prepared for The U. S. Office of Education, Department of Health, Education, and Welfare, Rand Corporation, Santa Monica, CA.

第4章

教育政策と公教育制度

池田 哲之

第1節　旧教育基本法の制定

1　ポツダム宣言受諾と戦後教育体制の確立

　本書第1章でも詳述されているように，戦前（大東亜・太平洋戦争）のわが国公教育体制の根本理念は，1890（明治23）年発布の「教育ニ関スル勅語」が明示していた。全文315字の「朕惟フニ」からはじまる同勅語は，「夫婦愛」「人類愛」「法治の精神」などの現代社会にも通用する諸道徳を説くものであったが，「勅語」という君主の垂訓であったことは紛れもない事実で，大東亜・太平洋戦争終結後の公教育理念として延命できるか否かは占領当局GHQ（連合国軍最高司令官総司令部）の意向次第にかかっていた。

　占領政策の基本方針は，ポツダム宣言（1945年7月26日：米・英・中華民国の共同文書）にみてとることができる。同宣言は，①日本軍の無条件降伏（no condition surrender），②基本的人権の復活強化，③戦争犯罪人の処罰ほかを条件に戦争の終結を迫る最後通牒で，同宣言受諾後，日本の主権は，占領が開始された1945（昭和20）年9月〜1952年4月までGHQ当局の制限下におかれた。

　ポツダム宣言の履行にあたり日本政府の直面した最大の政治課題が，帝国憲法（1889年制定）の改正問題であった。GHQ最高司令官（SCAP）マッカーサー（MacArthur, D.）は，憲法問題を所管する国務大臣近衛文麿との会談の際（1945年10月4日），「憲法は改正を要する。改正して自由主義的要素を十分取入なければならない」と言明し，帝国憲法の見直しに当初消極的であった日本政府は，憲法改正作業への着手を余儀なくされた。

　もとよりGHQは，憲法改正のみで日本の変革が達成されると考えていたわけではない。新生日本の樹立には教育改革が重要になるとの見地から，GHQ

は進駐直後より，戦前の教育体制を否定する四つの指令（4大教育指令）を断続的に発令した。①日本教育制度ニ対スル管理政策，②教職追放指令，③神道指令，④修身・日本歴史及び地理授業停止指令である。国粋主義・軍国主義の色彩を濃厚に帯びた戦中期の日本の公教育体制の払拭を企図した4大教育指令の意義は，過少に見積もられるべきではない。ただ反面，それら指令が，日本文化・伝統への理解が浅薄なまま策定された面のあることは否めない。とくに「神道指令」は，戦前期に国定宗教と化していた「国家神道」と伝来的日本文化・伝統に根ざす「神社神道・民間神道」とを混同するもので，同指令により，公教育の場で神道（宗教）全般を忌避する風潮が生まれたことは，児童生徒の情操教育上，禍根を残すものともなった。

　1946年，GHQの要請による27人の教育専門家（第1次米国教育使節団）が来日する。使節団は，約1カ月という短期日のなかで日本の教育の実情を検分したのち，同年3月，マッカーサー宛の報告書を取りまとめた（第1次米国教育使節団報告書）。同報告書は，①教育の民主化，②教育の地方分権化，③教育の自主性尊重，④教育の法律主義，⑤単線型学校体系といった現行公教育制度につながる戦後教育制度の抜本方針を提示し，以後，同報告を基底として，教育基本法（1947年），学校教育法（同年），教育職員免許法（1949年）その余の戦後主要教育法令の制定が続いた。

　第1次米国教育使節団報告書においては，教育勅語本体にたいする批判的記述は見当たらない。しかし，戦前期の教育現場における勅語などの取り扱いについて，「儀式の際の勅語勅諭の奉読や御真影（天皇皇后の写真—筆者注）の参拝は，過去においては，生徒の思想と感情を統制する強力な手段であった。それは軍国主義の目的に奉仕するものであった。それらは廃止すべきである。そうした手段の使用と結びついた儀式は，われわれは人格の発展に不適当であり，民主日本における公的な教授とは両立しえないものと考える」との認識を示している。

　いっぽう，日本政府は，教育勅語の教育的意義はいまだ失われていないとの立場を固持していた。戦後初発期の文部大臣（以下，文相）前田多門，安倍能成

の後任である田中耕太郎も，新憲法草案審議の第90回帝国議会において，教育勅語は「人倫の大本，天地の公道」をさし示しており，「今日も其の内容の見地から考えて見まして，権威を持っている」。「民主主義の時代になったからと言って教育勅語が意義を失ったとか，或いは廃止せられるべきものだというような見解は，政府の採らざるところ」と勅語擁護の発言を再三繰り返した。教育勅語をめぐる日本政府のこうした認識に，GHQ は次第に警戒感を募らせた。戦後教育改革を GHQ 内で所掌した CI&E（民間情報教育局）は，教育改革に関する日本側の調査審議機関である「教育刷新委員会」(1946年8月設置）さらには文部省を督責し，同年10月，「式日等に於いて従来勅語を奉読することを慣例としたが，今後は之を読まないことにする」との文部次官通牒を発出させる。しかし，日本政府の対応はこの段階止まりで，教育勅語の効力の存否については棚上げ状態のまま，教育刷新委員会（第1特別委員会）は，戦後教育法令の基軸をなす教育基本法の立案審議に入った。教育勅語が公式に廃止されるのは，GHQ／GS（民政局）の口頭命令により，衆参両院が1948年6月，「教育勅語等の排除に関する決議（衆院）」と「教育勅語等の失効確認に関する決議（参院）」を行って以降のことである。

2 教育基本法の策定

「教育の法律主義」原則にもとづくならば，戦後教育の淵源として教育「勅語」を護持しつづけることは困難であった。このような状況を後景に，教育基本法（以下，旧教基法）制定の着想をえたのが文相の田中耕太郎である。旧教基法の案文策定は，教育刷新委員会の第1特別委員会（羽渓了諦主査）の担当とされたが，案文を実際に書き下ろしたのは，文部省参事の田中二郎東京帝大法学部教授および文部事務官の安達健二である。案文は，すでに全貌が明らかとなっていた新憲法の理念をふまえつつ，第1次米国教育使節団報告書の内容を大枠に進められた。その意味で，旧教基法の条文策定にあたり日本側の自主性が完全に認められていたわけではなかった。事実，日本側が主張した「伝統を尊重して」の前文への挿入や「宗教的情操の涵養」の条文明記は，GHQ の了

承が得られず見送られた。

1947（昭和22）年3月に公布された旧教基法の条文構成は，以下のとおりである。

前文，1条（教育の目的），2条（教育の方針），3条（教育の機会均等等），4条（義務教育），5条（男女共学），6条（学校教育），7条（社会教育），8条（政治教育），9条（宗教教育），10条（教育行政），11条（補則）

旧教基法の成案化に際し，最大の論点となったのが，「教育の目的」をどのように規定するかであった。文相の田中は，教刷委の席上，「教育の理念とか目的とかという問題については簡潔に示した方が宣い」との所感を述べ，その内容は新憲法の諸理念にもとづくべきとした。田中の意向を忖度した教刷委では，教育の目的を「人間性の開発」とする案を当初とりまとめる。が，「人間性」という表現は法律用語として熟していない，との内閣法制局の指摘，あるいはカトリック教徒であった田中の「人格」という言葉への思い入れなどが重なり，最終案では，教育の目的を「人格の完成」にするとあらためられた。ただ，「人間性の開発」と同様，「人格の完成」なる文言もきわめて抽象的な表現であったことに加え，旧教基法は，人格の具体的内容について特段ふれるところがなかったため，教育目的の意味内容は，解釈者の立場により左右されるという弊害を後年生むことになる。

旧教基法の条文解釈をめぐる争点としては，第10条（教育行政）の問題も指摘しておかなければならない。10条1項は「教育は，不当な支配に服することなく，国民全体に対し直接に責任を負つて行われるべきものである」と定め，2項は「教育行政は，この自覚のもとに，教育の目的を遂行するに必要な諸条件の整備確立を目標として行われなければならない」と規定していたが，「直接に責任を負つて」いる主体は誰か，「必要な諸条件」のなかに教育内容は含まれるのか，という点につき，絶え間のない論争が続いたからである。本問題については，1976年5月の旭川学テ事件の最高裁判決が，「国も教育の責任主体である」，「必要な諸条件」の範疇には教育内容も含まれるとする判断を示したが，条文自体の改訂があったわけではなく，同判決は，10条解釈をめぐる

対立を完全に解消させるにはいたらなかった。

第2節　旧教育基本法の改正

■1　臨時教育審議会の設置

　旧教基法ほど，毀誉褒貶（きよほうへん）の激しかった法律も珍しい。同法制定後初期には，革新側より「美辞麗句の羅列である」「官僚的悪文の見本」との批判が浴びせられ，保守派からは「日本の伝統文化への言及がない」といった指摘が通奏低音のように投げかけられた。ただ，1955（昭和30）年の保守合同以降，革新側は旧教基法の徹底擁護の立場に回り，同法改正を「憲法改正への一里塚」とみなす旧社会党の根強い抵抗もあり，その改正が現実の政治日程に上ることはなかった。

　公教育制度のあり方は，社会・経済の状況と密接にかかわり合っている。国民総生産額が世界第2位（1968年）となり，国民生活のレベルが一定の水準に到達すると，「社会を映す鏡」である子どもたちの問題行動が学校で次第に目立ちだした。「明日の投資のため学校」「立身実現のための学校」という明治以来わが国を支配してきた学校教育観が色あせ，学校の威信低下が，子どもたちの校内暴力・いじめ・不登校といった反学校・脱学校的行動を誘発したのである。公教育政策も，必然的に変化を求められるようになっていく。

　1983年2月，中高生を当事者とする衝撃的な事案が続けざまに発生した。ホームレス連続暴行致死事件（神奈川県横浜市），忠生中事件（東京都町田市）である。前者は，中高生を含む少年グループが，1週間の間に公園などで寝泊まりしていたホームレスを襲撃し，3人を死亡させた事件である。逮捕された少年らに犯行を悔いる態度はなく，逆に「横浜をきれいにするためゴミ掃除しただけ」「胸がスカッとした」などの言を吐く無反省ぶりであった。

　後者の事案は，中学の教諭が，自分を校舎玄関で襲うそぶりを見せた2人の3年男子生徒のうちの1人を護身用ナイフで刺し，全治10日間のけがを負わせたという事件である。1983年（昭和50年代後半）は，全国の中学・高校で対

教師・生徒間暴力が激増していた時期であり，事件の舞台となった忠生中学校でも校内暴力の嵐が吹き荒れていたという。

　両事件は，「戦後政治の総決算」を唱え，事件前年，首相の座についていた中曽根首相に，教育改革への絶好の口実を与えた。ふたつの事件後，同首相は，「断腸の思いのする事件が続いている。……これから内閣を挙げて（教育問題に―筆者注）取り組む」と教育改革に臨む決意を語っている。既存制度や前例にとらわれない首相主導型の教育改革を推進するため，限時法による審議会が1984年に設置される。「臨時教育審議会」（以下，臨教審）である。

❷　臨教審の教育改革とその限界

　臨教審は1985（昭和60）年の第1次答申を皮切りに，1987年の最終答申にいたる計4次の答申を内閣総理大臣宛提出した。答申の基本スタンスは，学校教育の「自由化・多様化」であり，答申内容の法制化を経て，従来の公教育制度の基盤に一定の変化がもたらされた。いくつかを例示すれば（左が答申部分。右が法改正などで実現した制度），①6年制中等学校→中等教育学校，②単位制高等学校→単位制高等学校，③大学入試改革→大学入試センター試験，④教員免許制度改革→専修・Ⅰ種・Ⅱ種免許制度，⑤不適格教員への対応→初任者研修制度の導入および条件付き任用期間の延長，⑥生涯学習体系への移行→文部省生涯学習局・生涯学習振興法などがある。ちなみに臨教審答申によって実現した諸改革には，現在（2018年10月）なお維持されているものもあれば，「大学入試センター試験」のように見直しが決定している制度もある。

　しかしながら臨教審は，中曽根首相の意欲とは裏腹に，旧教基法の改正にまで踏み込んだ答申を取りまとめることはできなかった。旧教基法見直し論の憲法改正問題への飛び火を危惧した野党勢力が，臨教審設置法案の円滑な国会審議・可決の交換条件として，同法案の1条へ「教育基本法の精神にのつとり，その実現を期して各般にわたる施策につき必要な改革を図る…」とする一節の挿入を要求したからである。教育行政の元締めである文部省も，同省の権限が直接には及ばない臨教審の設置に前向きであったとはいえず，同審議会の早期

設置のためには，中曽根首相（与党側）も旧教基法改正問題には蓋をせざるをえなかったのである。しかし臨教審は，既存の学校教育システムに子どもたちを合わせる戦後教育政策の祖型を改変し，システムを子どもたちの変化に合わせる，という教育政策への新たな流れを誘起した審議会として，戦後教育史上とくに記憶に止めおかれるべき審議会である。

3　少年観の変容

　臨教審最終答申から10年ほど経過した1990年代の半ば以降，特異な青少年犯罪が奇しくも頻発する。1997（平成9）年，神戸市内で小学生連続殺害事件を起こしたのは，中学3年の男子生徒（1件目の事件は中学2年時での犯行）であり，同事件の翌年，黒磯市（現那須塩原市）立中学校の女性教諭を校内で刺し殺したのは，同じ中学に在籍する1年男子生徒であった。両事件のほとぼりも冷めない2000年5月，豊川市主婦殺害事件，佐賀バスジャック事件が高校1年の男子生徒によって引き起こされたこともあり，わが国社会には，少年一般を危険視・異常視する言説が飛び交うようになる。社会評論家の後藤和智は，少年へ向けた世間の視線を次のように描写している。「新聞や雑誌を開き，あるいはテレビをつければ，若者が起こした犯罪がクローズアップされており」，コメンテーターや識者が毎日のように現代の若者を嘆いてい」る。「近年，若者による衝動的な事件が，定期的に世の中を騒がせ，そのたびに，現代の若者の道徳の崩壊や社会性の欠如がクローズアップされるようになってきており」，「それら報道や言説は現代の若者は……いつ凶悪犯罪を起こすかわからない〈危険な隣人〉であるという認識にもとづいている」。

　だが冷静に考えれば，突発的で特異な少年犯罪の発生，すなわち，全少年の凶悪化ではないし，ましてそれは「少年凶悪犯罪」の激増を意味しない。しかし，世論の趨勢に歩調を合わせるかのように，警察庁長官も，全国警察少年担当課長会議において，「現在の（少年犯罪の―筆者注）厳しい情勢の中で少年の健全な育成という目的を達成するために，悪質な非行に厳正に対処していくことが重要」との訓示を行った（1997年6月）。

政策立案・推進には，世論の後押しが欠かせない。少年犯罪に関する一般市民の認識はどうであったのか。内閣府実施の「治安に関する世論調査」(2004年7月実施) によれば，「この10年で，自分や身近な人が犯罪に遭うかもしれないと不安になることは多くなったと思うか」との問いへ，80％以上の回答者が「多くなったと思う」と回答し，「少なくなったと思う」と回答した者の割合は，5.4％にすぎない。治安が悪くなったと考える理由はなにか。理由の第一は「外国人の不法滞在者が増えたから」(54.4％) であるものの，「青少年の教育が不十分だから」が２位 (47％) であり治安悪化の要因を少年犯罪に求める傾向が顕著である。同調査では，「回答者自身または身近な者を犯罪に巻き込む組織・集団は」との質問項目も立てているが，「暴走族などの非行少年や非行少年（グループ：筆者）」が47.1％の３位で，人々の間に「青少年教育の不十分」さが少年犯罪の激増の元凶であるとする意識が憑着（ひょうちゃく）している事実が読み取れる。

　もっとも，人々のこうした意識形成に関しては，やむをえない事情もある。ひとつは，連日のメディア報道の影響であるが，ふたつは，犯罪統計自体，少年凶悪化をデータ的に裏づける内容となっていたからである。しかし，後者の点を詳細に吟味すると，犯罪統計自体が「客観」を装いながら，実はきわめて恣意的・主観的に作成されうる統計資料であることが明らかとなる。『警察白書』の定義によれば，凶悪犯罪とは，殺人・強盗・強姦・放火の４罪種をさす。少年凶悪化の指標とされたのは殺人・強盗犯の増加であるが，殺人罪は法定刑の峻烈性もあり，構成要件が明確な罪種といえる。言い換えれば，治安当局の取締方針の変化に検挙件数が左右されにくい犯罪である。少年による殺人の検挙件数は，われわれの常識とは相反し，戦後のピーク期は1960年代前後 (1961年が448件―むしろ凶悪だったのは，昭和30年代の少年たちであった―) であり，以後ほぼ一貫して減少している (2005年は73件)。減少の理由を少年数の減少に帰す論者もいるが，それは誤認識である。殺人で検挙された少年の数は，少年人口の減少率をはるかに超える割合で少なくなっているのである。

　いっぽう，強盗犯はどうか。強盗罪の構成要件は「暴行又は脅迫を用いて他人の財物を強取」する行為であって，法定刑は５年以上の有期懲役である (刑

法236条)。「脅迫」に類似した刑法上の概念に「恐喝」がある。同行為は「財物を交付させることを目的として行われる脅迫行為であって，相手方の反抗を抑圧するに至らない程度のもの」とされるが，強盗罪における「脅迫」と恐喝罪における「脅迫」の差異は微妙で，殺人と比べ強盗は，治安当局の恣意的判断・解釈によって検挙件数が高低する罪種といえる。少年を加害者とする強盗犯検挙件数は1997年に入ると急増し，前年比1.6倍もの1675人の少年が検挙された。検挙件数だけをみるなら，少年凶悪化の証左になる数字である。しかし，強盗犯急増の背景に，取締方針の転換があったと指摘する専門家は少なくない。犯罪社会学者の横山実は「犯罪統計で強盗が増加したのは，警察の強硬姿勢の反映でもある」とし，警察庁長官の前記訓示の下，「少年非行総合対策推進要綱」を策定(1997年8月)した警察庁が，「少年非行に係わる捜査力の強化を掲げ，悪質重大な少年犯罪に対しては」組織の総力をあげて「取り組むことを宣言した」結果であると見立てている。従来であれば，「窃盗」と「傷害」の嫌疑で検挙されていた事案が「強盗致傷」に，「恐喝」として検挙されていた事案が「強盗」で処理されてゆくようになったとしても不思議はない。

　このように，少年犯罪をめぐる世評と事実との間には乖離があったが，真実であるかのように社会に浸透した「少年凶悪化」言説は，戦後教育欠陥論に結びつき，戦後公教育体制の根基である旧教基法批判の世論は日ごとに勢いを増していった。

4 教育改革国民会議

　世論の追い風に支えられ，2000(平成12)年3月，小渕首相は職権で「教育改革国民会議(座長・江崎玲於奈芝浦工大学長；以下，国民会議)を設置した。臨教審が法律に設置根拠をもつ諮問機関であったのに対し，国民会議は，法律はもとより政省令にすら設置根拠を有しない組織であった。このことをもって，国民会議の非民主性を問う論者もいる。しかし，意見(政策)具申機関がどのような性格の機関であれ，提案を立法化するには国会審議を経る必要があり，政策を臨機に審議立案してゆく必要がある場合すべてに法令上の機関での作業を

要求するという主張には与しえない。

　国民会議第1回会議の冒頭，小渕首相は国民会議発足の趣旨を，①「教育立国」をめざし，社会のあり方までを含めた抜本的な教育改革議論の必要性，②いじめ・不登校・学級崩壊・学力低下・子どもの自殺などの深刻な原因を，教育の基本にさかのぼり考える，③戦後教育の総点検，その他課題の審議検討のためにあると述べた。

　国民会議は，2000年9月，「教育を考える17の提案」と銘打つ中間報告を小渕の後任森首相宛提出した。報告書は，①人間性豊かな日本人を育成する，②一人ひとりの才能を伸ばし，創造性に富む日本人を育成する，③新しい時代に新しい学校づくりを，④教育振興基本計画と教育基本法の各部分で構成されており，①〜④実現のため，計17の提案を行うものであった。提言のなかには，爾後の公教育制度に改変をもたらした提言も多数含まれている。現行制度との関係でそのいくつかを摘示すると，①「奉仕活動」のすすめ→学校教育法31条（体験活動），問題を起こす子どもへの毅然とした対応→同法35条（児童の出席停止），②プロフェッショナルスクールの設置推進→同法99条2項（専門職大学院），③地域の信頼に応えうる学校づくり→同法42条（学校評価）・43条（情報の提供），コミュニティースクール設置の推進→地方教育行政の組織及び運営に関する法律47条の5（学校運営協議会）などとなる。だが，諸提言のなかで社会・マスコミの関心をひときわ集めたのは，④旧教基法の見直しに関する国民的議論を促す部分であった。

　国民会議はその後，「一日教育改革国民会議」や学校視察といった活動をはさみ，2000年12月，最終報告「教育を変える17の提案（中間報告と同名—筆者注）」を公表する。最終報告は中間報告をほぼ踏襲するものであったが，教育基本法に関しては「新しい時代にふさわしい教育基本法を」と数歩踏み込む内容となっている。首相の私的諮問機関とはいえ，政府系の会議が旧教基法の改正に正面から言及したのは同会議が戦後初である。

　2001年11月，遠山文科大臣は，中教審へ「教育振興基本計画策定について」「新しい時代にふさわしい教育基本法の在り方について」を諮問した。同審議

会は2003年3月，①信頼される学校教育の確立，②「知」の世紀をリードする大学教育の推進，③家庭の教育力の回復，学校・家庭・地域社会の連携・協力の推進，④「公共」に主体的に参加する意識や態度の涵養，⑤日本の伝統・文化の尊重，郷土や国を愛する心と国際社会の一員としての意識の涵養，⑥生涯学習社会の実現，⑦教育振興基本計画の策定の観点から旧教基法の改正をうたう答申を公表する。

中教審答申を受けた改正教基法案の策定作業は，与党自民党と公明党との主張の隔たりなどから難航するが，第1次安倍政権成立（2006年9月）時にはおおむね成案がえられた。旧教基法の改正を政治上の最優先事項とする安倍内閣のもとではじめて召集された第165回国会において，改正法案は11月に衆院本会議，12月には参院本会議で可決される。旧教基法の制定以来59年ぶりのこれは改正であった。

第3節　改正教育基本法の特徴

■1　改正教基法の構造

改正教基法は，形式的には旧教基法の「改正」ではあったが，一部改正ではなく全部改正という形式をふんだ，実質的には新法の制定である。改正教基法は「これまでの教育基本法に引き続き，日本国民が願う理想として，『民主的で文化的な国家』の発展と『世界平和と人類の福祉の向上』への貢献を掲げ，その理想を実現するために，『個人の尊厳』を重んずることなどを宣言（文科省資料―筆者注）」している点で，旧教基法の基本理念は継承している。さらに，政府が一体となって改正教基法各条の執行にあたることを明確にするため，内閣提出法案の形式がとられた。

改正教基法の条文構成は，以下のとおりである。

前文，1条（教育の目的），2条（教育の目標），3条（生涯学習の理念），4条（教育の機会均等），5条（義務教育），6条（学校教育），7条（大学），8条（私立学校），9条（教員），10条（家庭教育），11条（幼児期の教育），12条（社会教育），13条（学

校，家庭及び地域住民等の相互の連携協力，14条（政治教育），15条（宗教教育），16条（教育行政），17条（教育振興基本計画），18条（法令の制定）

　これら条項中，旧教基法に定めのなかったのが，2条，3条，7条，8条，9条，10条，11条，13条および17条（18条を除く）であるが，見出しは旧法と同様でも，内容を一新させた条項もある。

　文科省は，改正教基法の制定をもって，過去の教育行政を御破算としたわけではない。時代の変化・要請により，新規の教育課題へ対応するため法改正に踏み切ったとする立場である。だが，文科当局が旧教基法の改正にあたらざるをえなかった真の理由は別にある。行政改革に伴う省庁統合により「文部省」という伝統ある省名も消え，同省の直轄地であった国立大学の法人化も規定路線に乗せられるなど省益の縮減に危機感を募らせていた文科省は，自省の政策展開の後ろ盾となる新法の制定を必要としていたのである。改正教基法は，国（文科省・教育委員会など）等行政体の教育行政責任（＝権限）を明定する数々の条項を設けた。「教育行政」を目的語とするなら，その主語が国等であることを明確に示したのである。義務教育条項を取り上げてみよう。旧教基法では，「国民は，その保護する子女に，9年の義務教育を受けさせる義務を負う」と定めていたのに対し，改正教基法では「国及び地方公共団体は，義務教育の機会を保障し，その水準を確保するため，適切な役割分担及び相互の協力の下，その実施に責任を負う」と義務教育の実施・推進権限が国等に存することを明定した。新設条項である「私立学校（8条）」「家庭教育（10条）」および「幼児期の教育（11条）」も，それら領域に関する権限は国等が掌握することを定めている。

　これらの条項が各般の政策発動の担保規定になることは，改正教基法案の審議過程における政府側関係者の答弁からも明らかにされている。伊吹文科相は，「（改正教基法案が可決されたなら―筆者注）それに応じて各法律を改正していく。そして，その改正した法律にくっついている政令を直し，大臣告示である例えば指導要領を直し，そして毎年毎年の予算で刺激を与え，誘導をし，こちらの考えている方向へ持っていきたい。そういう順序で行政というか政策というのは動くもの」と説明している。改正教基法という「OS」を導入すれば，

利用可能な「アプリ」が増える状況を当てこんだのである。

❷ 改正教基法の論点

改正教基法案の策定時にとりわけ論議を呼んだ条項が2条（教育の目標）および16条（教育行政）である。2条に関しては，「国は教育理念（目標）を法定しえるか」との疑義が向けられた。同条は教育が，自主自律の精神・勤労重視の態度（2号），公共の精神に基づき社会形成に参加する態度（3号），伝統と文化の尊重・郷土と国を愛する態度（5号）を養うことなどを目的に行われるべきことを定めたが，内心の発露でもある「態度」の法的特定は，憲法19条（思想・信条の自由）の侵犯になるとの疑義である。だが，そもそも教育なる営為は，人の内面への働きかけなく成り立ちうる営為ではないし，教育理念法定の違憲性を難詰するなら，旧教基法が戦後教育の指針として数々の理念をあげていたことも問うべきであろう。問題は，教育理念の法定それ自体にあるのではなく，改正教基法の定める理念が現行憲法の精神に違背するのか否か，また，教育現場における児童生徒への評価基準に特定理念を直截に用いるのか否かという点にある。1点目については，改正教基法2条各号の諸理念はいずれも，現行憲法の「基本的人権の尊重」「国民主権」「平和主義」の各精神をなんら否定するものではない。2点目に関しては，それら理念を子どもの成績評価の直接的な指標とはしないとする政府答弁により，法運用上，違憲の問題は生じないと解される。逆に教育理念の法定には，積極的に評価すべき面もある。個々人の価値観が多様化した現在，教員による子どもの内面への働きかけが教員個人の「主観の教示」との批難を浴び，授業が暗礁に乗り上げてしまうことも間々起こっている。かかる現状を直視するなら，教育目標条項は，教員に職務上の―とくに価値的事項の教示に関する―権限を保障・付与した「防塁」条項ともみなしうる。学校現場における教育活動の多くは，程度差こそあれ，価値的事項の教示行為とかかわり合っている。教育理念の法定は，教員の教育活動の円滑化に資するかぎりにおいて肯綮にあたいしよう。だが他方，2018（平成30）年度（小学校：中学校は2019年度）より導入された「特別の教科 道徳」（以下，「教科」道徳）

などでの授業ないし評価の際，改正教基法2条各号の理念の押しつけや基準化が行われることのないよう，教育現場の実態を今後注視してゆく必要はある。

では，16条の論点とはなにか。旧教基法の教育行政条項は「教育は，不当な支配に服す」ことなく「国民全体に対し直接責任を負つて行われるべき」との原則を定め（10条1項），教育行政は，教育の遂行に「必要な諸条件の整備確立を目標に」展開すべきと規定（同条2項）していた関係で，同条は，教育内容決定権の所在をめぐる解釈上の対立を惹起した。同問題には，前述の最高裁学テ判決が一応の終止符を打ったものの，最高裁判断には多義的解釈の余地がなお残され，同判決は，法律による教育（内容）行政を安定的に推進する基盤となりえなかった。

改正教基法の教育行政条項は「国民全体に対し直接責任を負つて行われるべきものである」との規定を削除したうえ，教育は「この法律及び他の法律の定めるところにより行われるべきもの」との一文を挿入し，法律による教育（行政）の正当性をさしあたり担保した。「さしあたり」と記したのは，改正教基法案の国会審議で，文科相が，公権力機関の―法令に基づく―教育であっても「不当な支配」に該当する可能性のあることを図らずも認めたからである。しかし実際問題としては，訴訟手続を経なければ法令による教育の違憲・違法性は確定しえず，かりに訴訟を提起するにしても，原告側は時間的・経済的に多大の負担を強いられる。法令による教育の正当性を推定させる条項の新設により，国等が，教育政策を縦横に展開させてゆく土台が整えられたのである。事実，2012年に発足した第2次安倍政権は，教育現場の実状を必ずしも反映したとはいえない教育施策を陸続と打ち出している。

第4節　現行公教育法制の要部

改正教基法の成立によって，戦後約60年にわたり維持されてきた公教育制度は一大転換期を迎えた。改正教基法の趣旨に適う教育の実現には，関係法令の改正が必要不可欠となる。関係法令見直しの議論の場となったのが「教育再

生会議」(2006年10月設置；以下，再生会議）である。再生会議は2007（平成19）年1月に，「社会総がかりで教育再生を～公教育再生への第一歩～」とする第1次報告を公表した。同報告にもとづく中教審答申「教育基本法の改正を受けて緊急に必要とされる教育制度の改正について」が文科相に提出されたのは，同年3月である。同答申を受け，2007年6月，重要教育法令の改正が行われた。いわゆる「教育改革3法」の成立（実際は既存4法の改正）である。ここでは近年の教育改革との関連で，重要と考えられる各法の規定を取り上げる。

1 学校教育法——学校制度の基本

学校教育法1条は，現在，9種の学校種を定めている。1条で定められた諸学校は，「1条校」あるいは「正系」の学校と指称されることがある。

学教法1条
「この法律で，学校とは，幼稚園，小学校，中学校，義務教育学校，高等学校，中等教育学校，特別支援学校，大学及び高等専門学校とする」

このなかで，幼稚園，小学校，中学校などの戦後の学制改革時から設置されている学校は別段，この10年の間に，特別支援学校（2007年4月），義務教育学校（2016年4月）といった学校種が設けられた。各々の特色や制度導入の背景を簡潔に記しておく。

■**義務教育学校**〔49条の2～49条の8〕　義務教育として行われる普通教育を基礎的なものから一貫して施す学校で，前期6年，後期3年の課程に区分される。いわゆる「中1ギャップ」への対応や教育内容・学習活動の量的・質的対応などへの必要性から，近年，全国各地で小中一貫的教育への取り組みがなされてきた。が，小・中は別校種であるから，原則，校長は2人おかなければならず，職員組織もそれぞれ設置することが必要という制約が，小中一貫的教育の効果的な展開を阻んできた。このような問題意識を背に，1人の校長の下，小学校教諭と中学校教諭の免許状を併有した教員が，9年間の一貫した教育を行うことを可能とする法整備の必要性が指摘されるように

なり，2015（平成27）年の法改正で本制度が創設された。

■**特別支援学校**〔72条～80条，82条〕　視覚障害（がい）者，聴覚障害者，知的障害者，肢体不自由者または病弱者に対し，障害による学習・生活上の困難を克服し，自立を図るために必要な知識技能を授ける教育機関である。幼稚部・小学部・中学部・高等部があり，小学部・中学部については都道府県に設置義務がある。特別支援学校は，かつて盲学校・聾学校・養護学校に類別されていたが，それら名称は，通称名としてはともかく，現在，法的なものではなくなっている。名称改正の背景には，障害者が主体的に生活を送ることを「支援」してゆくことが肝要との社会一般の意識変化があり，2006年の法改正にいたった。

先述のように，改正教基法で具体的教育理念を明定したことをふまえ，学教法は義務教育目標条項（21条）を特立した。内容は，改正教基法2条各号を敷衍（ふえん）したものである。またやはり改正教基法の求めに応じ，学校現場における責任の所在を明確にするとともに，迅速かつ効果的な教育活動に裨益するとの名目で，学校（大学・高等専門学校を除く）におきうる職を新設した（37条）。

学校は，以前より「鍋蓋型組織」と揶揄されてきた。鍋蓋のつまみにあたるのが校長・教頭で，両管理職以外は全員フラットの関係に立ち合う一般教員より構成される組織だったからである。しかしそれゆえ，学校は責任系統が判然としない「非組織型組織」の典型であって，学校改革が遅々としてすすまないのは，その「非組織型組織」性ゆえであるとされていた。そこで校長の指導性を能く発揮しうるよう，校長を校務運営面で助ける副校長をおき，中間管理職として校務の運営と教育の実施両面を担荷する主幹教諭制の導入，教科指導や生徒指導に長けた教員を指導教諭と位置づけ，鍋蓋型組織からピラミッド型組織への移行を促したのである。だが，同改正には「学校に上意下達の組織形態はなじまない」とする批判が向けられることも少なくない。

学教法上の重要規定として，ほかに3条項のみ確認しておく。学校の設置者を規定する2条は，学校（1条校）の公共性を担保すべく，学校の設置者を国（国

立大学法人・独立行政法人国立高等専門学校機構），地方公共団体（公立大学法人を含む）および私立学校法に定める学校法人に限定している（幼稚園には例外規定あり）。ただし，構造改革特別区域法は，同区域内であれば株式会社ないし特定非営利活動法人による学校設置を認めるが（後者は大学・高等専門学校の設置不可），学校の公共性確保の観点から，この制度には疑問符がつく。事実，これまで複数の株式会社立大学に，文科省による運営改善勧告・指導が再三なされている。

　児童生徒へのの教員懲戒権の根拠は，11条である。「校長及び教員は，教育上必要があると認めるときは，文部科学大臣の定めるところにより，児童，生徒及び学生に懲戒を加えることができる」。「ただし，体罰を加えることはできない」とし，同条は体罰法禁の根拠規定ともなっている。体罰の具体的定義については，文科省の通知がある（2007年2月）。同通知によれば，体罰とは「懲戒の内容が身体的性質のもの，すなわち，身体に対する侵害を内容とする懲戒（殴る，蹴る等），被罰者に肉体的苦痛を与えるような懲戒（正座・直立等特定の姿勢を長時間にわたって保持させる等）に該当する場合」であるとする。通知からも推察されるように，注意すべきは，物理的有形力の行使すべてが体罰に該当するわけではないということである。物理的有形力の範疇には，「体罰」に相当する行為と「体罰に相当しない」行為との両者が含まれることになる。教員の正当防衛・正当行為が体罰に該当しないのはもちろんであるが，悪ふざけへの反省を求めるため，児童の肩を壁に押し当てたりする程度の行為は体罰にあたらないとした最高裁判例がある（2009年4月28日）。

　義務教育年限を9年と定めるのは，16条である。戦前の義務教育年限6年（8年に延伸の予定であったが，終戦により未実施）は，戦後の学制改革により9年とされたが，年限を規定していたのは旧教基法（4条1項）であった。しかし，目まぐるしく移り変わる昨今の社会状況にあって，義務教育年限の延伸可能性がないでもない。改正教基法案の審議における政府関係者の，「義務教育の年限が現行教育基本法におきましては9年と書かれておるところでございますけれども，これに関しましては，与党の協議会（与党教育基本法改正に関する協議会―筆者注）におかれまして，今後，就学時期を早めることもあり得るのではな

いか，それから就学年限自体が延びることもあり得るのではないかというような御議論がなされまして，その中で，文部科学省といたしましても，その就学年限に関しましては学校教育法に譲ることに」したとする答弁は，義務教育年限の学教法への移管が，同年限の固定化を回避する観点からなされたものであることを裏づけている。

❷ 教育職員免許法・教育公務員特例法

　学校教育の成否は，教員の力量いかんに左右される。公教育政策において，教員の育成問題は，つねに最重要の課題であった。教員の育成は「養成」「採用」「研修」の3段階からなる。1998（平成10）年の教育職員養成審議会答申は，各段階の基本的意義を次のように示している。

■養成段階　　専攻する学問分野に係る教科内容の履修とともに，教員免許制度上履修が必要とされている授業科目の単位修得等を通じて，教科指導，生徒指導等に関する「最小限必要な資質能力」（採用当初から学級や教科を担任しつつ，教科指導，生徒指導等の職務を著しい支障が生じることなく実践できる資質能力）を身につけさせる過程。

■採用段階　　開放制による多様な教員免許状取得者の存在を前提に，教員としてより優れた資質能力を有する者を任命権者が選考する過程。

■現職研修段階　　任命権者等が，職務上又は本人の希望に基づいて，経験年数，職能，担当教科，校務分掌等を踏まえた研修を施し，教員としての専門的資質能力を向上させる過程。

　養成段階の制度ついては教育職員免許法（以下，教免法），採用・研修段階の制度に関しては教育公務員特例法（公立学校教員の場合；以下，教特法）が規定する。ここでは，現行の養成・研修制度の概要を述べておくこととしたい。

　教員免許状には，普通免許状（全国有効），特別免許状（授与都道府県内で有効），

臨時免許状（同）の3種があり，普通免許状はさらに大学院修士課程修了者に授与（免許状の授与権者は，都道府県教育委員会。公立学校教員採用選考試験を実施しうる政令指定都市に授与権はない）される専修免許状，4年制大学卒業者への一種免許状，短期大学卒業者に授与される二種免許状に区分される。

改正教基法の施行にあわせて教免法が改正（2007年）され，従来の制度に大幅な改変が加えられた。それまで終身有効であった普通免許状および特別免許状（※臨時免許状は，以前から3年間の有効期間付き免許状）に10年間の有効期間が設定され，免許状を更新するには，有効期間満了の2年2カ月から2カ月前までの間に，30時間以上の更新講習を受講する義務が課せられるようになったのである。更新制の導入には数多の反論も投げかけられた。「期限付きの免許では，優秀な人材が集まらなくなる」「講習は，教員の多忙感を増幅させる」などの批判である。

ところで筆者は，教員免許更新制の導入時より7年間，ある私立大学で更新講習の講師を務めた。講習後の受講生アンケートをみるかぎり，「教師としての学び直しの必要性を痛感した」「教育実践上の課題解決の手掛かりをえることができた」「あたらしい知見獲得につながった」などの概して肯定的評価が多いように思われた。「自主研修」こそ研修の本道といえば聞こえはよいが，そもそも自主研修を行わない，あるいは興味関心のない分野の研修については二の足を踏む教員も少なくない。更新講習費用の自己負担および30時間にわたる研修時間の問題は残っているにせよ，更新講習は，教員の教育能力を多角的に向上させる好個の機会ともとらえられよう。

2016（平成28）年，教免法はさらなる大改正をみた（2019年4月施行）。教職課程における「コアカリキュラム制」の導入である。同改正に対しては，教員養成の国家支配化を目論んだ教免法の「改悪」とする批判もあがっている。

採用後の公立学校教員の研修については，教特法が定めている。一般地方公務員の研修は地方公務員法によるところであるが，教員職務の特殊性から，教員の研修は，地公法に対する特別法としての教特法が取り込んだのである。

教員職務の特殊性は，①非定型的，②人格往還的，③研究的の各要素の強さ

にある。教員がその職責を十全にはたしてゆくには研究と修養，すなわち「研修」を行う機会が保障されなければならない。だが教員の研修権は，純粋な権利というより，児童生徒との関係において義務性を帯びた権利であるともいえる。教特法は，こうした教員の研修権の性格を，以下のように規定する。

　21条1項　**教育公務員は，その職責を遂行するために，絶えず研究と修養に努めなければならない**

　22条1項　**教育公務員には，研修を受ける機会が与えられなければならない**

　同条2項　**教員は，授業に支障のない限り，本属長の承認を受けて，勤務場所を離れて研修を行うことができる**

　同条3項　**教育公務員は，任命権者の定めるところにより，現職のままで，長期にわたる研修を受けることができる**

　なお，一般公務員の条件付任用期間は6カ月であるが，教特法は，初任教員の教職への適性を見極めるため，条件付任用期間を倍の1年間としている。このことに合わせ，初任教員には，初任校で1年間の実践的研修を受ける機会が保障されている。

　教育改革3法の成立に伴い，いわゆる「問題教師」に対する新たな対処策も規定された。指導改善研修の導入である（25条の2）。教員免許更新制の眼目が，教員各々の知識のリニューアルにあるとされた反面，それ以前の問題として，児童生徒への指導に適切性を欠く教員が一部存在するという事実もある。児童生徒の教育権（学習権）保障の見地より，そうした教員を教壇に立ち続けさせることはできない。指導改善研修は，任命権者が指導力に問題のある教員に，教育現場への復帰を前提として，問題改善のための研修を1〜2年以内の期間で命じうるとした制度である。しかし研修後も状況の改善が認められない教員は，分限免職の対象もしくは都道府県の一般公務員の職へ任用されることになる。

❸ 地方教育行政の組織及び運営に関する法律（地教行法）

　教員の任用権は，都道府県（または政令指定都市）教育委員会が掌握している。市町村職員身分の教職員人事権を都道府県教育委員会にもたせることで，市町村域をこえた教職員の適正配置と人事交流を可能にするためである。

　市（政令指定都市を除く）町村立小・中学校の教職員は市町村の職員であるが「県費負担教職員」と呼ばれ（地教行法37条1項），その給与については都道府県が負担している。給与水準の確保をとおし，教育水準の全国的平準化・維持向上を図ることが目的である。都道府県の支弁する教職員給与の3分の1については，国庫負担がある。しかし，かつての国庫負担割合は2分の1であり，国庫負担割合の削減は，都道府県間における教職員の給与格差の問題を派生させるようになった。

　先年の地教行法改正（2015年4月施行）で，教育委員会は，4人の教育委員（都道府県は5人以上，町村は2人以上とすることも可）と教育長から組織されることとなった。教育委員会を代表するのは，常勤職で任期3年の教育長である。教育長は，議会の同意をえて首長が任命する。また，各地方自治体には「総合教育会議」をおくこととされた。総合教育会議は，国の教育振興基本計画を参酌して，各自治体における教育政策の「大綱」や重点的に講ずべき施策，児童生徒らの身体生命保護など，緊急に講ずべき措置に関し協議する会議である。同会議は首長と教育委員会から構成され，会議の招集権者は首長である。なお，教育の目標や施策の根本方針を定めた大綱の策定権は，首長にある。これら一連の法改正には，首長の教育関与・干渉への道を開きかねないという懸念もある。

　教育の国家責任を標榜する改正教基法成立を機に，地教行法に付加された条項についてもふれておきたい。

　1999（平成11）年の「地方分権一括法」の制定によって，地方教育行政に対する国（文相）の監督的権限は廃止となり，文相には，一部の助言的権限のみが残されるだけとなった。だがその結果，教育委員会ぐるみの，いじめの隠蔽・放置あるいは必修単位未履修問題の連鎖的生起に，文科相は効果的な対応

をとりえなかったとして，児童生徒の教育権が著しく侵害されている場合には，同大臣が，地方教育行政へ関与・介入しうる規定の復活が図られた。「是正命令権」「指示命令権」の新設である。49条の是正命令権では，地方自治法上の是正命令権規定の実効性を一段高め，是正の具体的内容まで示しうることとした。しかし，この是正命令は，問題の発生した学校を所管する教育委員会への直接命令ではない。他方，50条に新設された指示命令権の特色は，文科相が，問題解決のための具体的な指示を，問題事案の生じた学校を所管する教育委員会に直接発しうるとした点にある。

両権限の文科相への付与にも「教育の国家統制を招く」とする強い批判が寄せられたが，児童生徒の教育権を守り切れなかった教育委員会の機能不全の実態に照らすなら，これら権限——発動の要件は厳しい——の付加はやむをえない措置であったと考えるべきであろう。

第5節　現代公教育政策の課題

各種の制度が，時代・社会の要請とともにあるのは公教育制度も例外ではない。本節では，近年，制度整備がすすんだ学校安全と道徳の「教科」化につき，その制度概要および課題を確認する。いずれも——とりわけ道徳の「教科」化は——公教育制度に取り込まれて日の浅い制度であるが，今後，公教育のなかで大きな比重を占める領野となってゆこう。その意味では，教員採用試験対策上，外すことのできない対象分野ともいえる。

１　学校安全

あえて述べるまでもなく，学校は危険に満ちた空間でもある。①施設設備の不備や教育活動中の不注意に起因する事故，②児童生徒どうしの加害行為，③地震，津波，噴火，火災，強風の襲来，④学外侵入者による加害行為などの危険性が学校を取りまいている。日本スポーツ振興センターの調査によれば，2015（平成27）年度中の学校（保育所は含み，大学は除く）おける給付金対象の死

亡事故は 63 件となっている。死亡事故発生の学校種で最も多いのが，中学校である。具体例としては下記の事例などがあるが，小さな負傷事故まで含めると，学校内で発生する事故は年間膨大な数にのぼると推察される。

(小1男子)

> 全校マラソン大会に出場していた児童が，2 周目中盤から歩きはじめ，担任が手をとって歩いていたところ急に地面に倒れこんだ。救急車搬送中は意識があったものの，病院で治療中に様態が急変し死亡した（心臓系突然死）。

(中1女子)

> 柔道部の練習中，投げ込み（約束練習）で，他の部員が本生徒を大外刈りの技で投げたところ，本生徒は畳に頭を打ち，倒れこんでそのまま意識がなくなった。救急搬送された病院で手術が行われたが，数日後に死亡した（頭部外傷）。

学校事故の未然回避は焦眉の課題であるが，2000 年前後より，学校へは「学校事件」から児童生徒の身体生命を守るという以前であれば想定外の責務も突きつけられるようになる。

学校事件とは，学校外部の侵入者などによる児童生徒への暴行・傷害・殺人事案をさす。児童生徒が死傷した 2000 年前後の学校事件としては，①京都市立日野小事件（1999：2 年男子 1 名殺害），②大阪教育大池田小事件（2001 年：1・2 年男女計 8 名殺害，教師を含む 15 名受傷），③宇治市立宇治小学校事件（2003 年：1 年男子 2 名受傷）などがある。

なぜ，これらの事件を未然に抑止することができなかったのか。原因の調査過程で，①校門が開け放たれていた，②校門が非施錠であった，③加害者を校内で見かけても，声を掛ける者がいなかった，④防犯カメラ・センサーなどは設置されていたものの電源が切られていたといった問題が浮き彫りにされた。要は，学校事件抑止に関する学校（教育委員会）ごとの姿勢がまちまちで，一部の学校では学校侵入者への防備体制がほとんどとられていないという実態が白

日の下に晒されたのである。

　これら学校事件への社会の注目より前，阪神淡路大震災の発生（1995年）を契機に，学校災害への関心も高まりをみせるようになっていた。同震災は，発生が明け方ということもあり，学校教育活動中の被災児童生徒はいなかったが，日中の震災であれば当然，相当数の児童生徒が学校内で被災していたであろうことが容易に想像されたからである。

　上述の状況を背景に，学校安全，別言すれば「学校危機管理」体制構築の必要性があらためて求められるようになり，従来，学校保健の通則法であった「学校保健法」は，学校安全をも射程に収めた「学校保健安全法」へと改正された（2007年）。

　学校安全については，同法第3章が定め，設置者に「児童等の安全が確保されるよう，必要な措置を講ずべき」努力義務を課し（26条），学校へは「学校施設設備の安全点検，児童等への安全指導，教職員への安全研修，安全に関する計画策定」義務（27条）および「危険等発生時対処要領」の作成義務（29条）を規定した。同法の制定に加え，文科省は近年，学校安全体制のさらなる充実を目途に，促すため，「学校安全に関する更なる取組の推進について」(2015年)，「通学路の交通安全の確保の徹底について」(2016年)をはじめとする数々の提言・通知類を発出している。

　死者・行方不明計約2万人という未曽有の被害をもたらした東日本大震災の発生（2011年）は，学校安全に向けた各学校（教育委員会）の自主的取り組みの動きを促した。岩手県教委は，2013年度から，県内の小中学校の防災体制の充実を図る訪問事業を展開している。同事業は，国の支援事業とも連動し，防災に対する児童生徒の主体的な態度を育てる取り組みや家庭・地域との連携などについて専門知識を有する職員が助言するものである（岩手日報2013年11月13日付）。

　児童生徒自身の取り組みも増えている。身近な街の危険箇所などについて考える「第10回小学生の防災マップコンクール」で消防庁長官賞を受賞したのが，札幌市豊平区月寒少年消防クラブの「しらかばガールズ」である。同賞は，

小学5・6年生の女児からなる「しらかばガールズ」の，東月寒地区4km四方にある公園や学校，雨が降ると水がたまりやすい場所，ヘリ緊急着陸地などを調べ，縦横100cmの紙に書きこんだ防災マップを完成させた活動に対し与えられた（朝日新聞2014年2月6日付）。

　学校・児童生徒の学校安全への認識の深まりそれ自体は，点頭にあたいする。ただし物的・人的サポートのないまま，学校安全への備え万般を学校（教員）に押しつけることがあってはならない。児童74人と教職員10人が津波で死亡・行方不明となった宮城県石巻市立大川小の災害対応をめぐる裁判で，仙台高裁は，市教委と校長ら学校幹部に事前防災上の義務（「危機管理マニュアルを改定し，避難場所を定めて避難経路を記載する義務」）を怠った過失責任があるとする判断を示した（2018年10月現在，同事件は上告審で係争中）。児童死者数の多さを思えば，控訴審判決にはうなずける面はあるが，反面，同判決は，学校安全に関する人的・物的対応に限界をかかえた教育現場の実際を知らぬ者の「物言い」であるとも評しえる。最終的な評釈は上告審判決まで待たなければならないが，控訴審判決は，学校安全への支援体制の不足に対する司法からの警鐘と理解しておきたい。

2 道徳の「教科」化とその課題

　「特別の教科 道徳」は，小学校が2018（平成30）年度，中学校が2019年度より始まった。道徳が「領域」として教育課程に設けられたのは1958（昭和33）年である。それまで道徳は，社会科をはじめ各教科その他教育活動の全体を通じて行うこととされていたが，「必ずしも所期の効果を上げているとはいえない」との批判が絶えなかった。しかしそもそも，「道徳」ほど政治に翻弄されてきた科目はない。道徳は，戦後しばらく―否，現在でも―，戦中期に軍国主義鼓吹の教科となり下がった「修身（科）」の延長線上でとらえられ，少なくとも占領下において，道徳を単体で導入することには無理があった。事実，道徳の単体設置は，わが国の主権が回復し，さらに保守合同後はじめて改訂された小・中学校学習指導要領で実現した。だが，道徳の「教科」化は，なおも

根強い反対論にさらされ,「教科」道徳の設置は見送られてきた。

　その道徳が,なぜいま「教科」となりえたのか。理由は主にふたつある。ひとつは先にも述べた,社会における少年観の変容である。現代青少年は,社会規範や各種のルールから逸脱しがちで,凶悪犯罪にも容易に走る心性をもつようになったというのである。青少年の反社会的行為を抑止し,社会秩序を保持するためのソフト面の施策が「道徳の教科化」であり,ハード面の施策が「少年法の改正」であった。

　ふたつは,安倍首相の教育観である。旧教基法の改正を成し遂げた安倍首相は,改正は「日本人のアイデンティティーを備えた国民」の育成を目的とするもので,同目的達成のため,旧法にはなかった〈教育の目標〉条項（2条）をあらたに付加したと説明し,目標条項の「一丁目一番地」は,同条1号の「道徳心を培う」ことにあると明言している。

　少年観の変容にもとづく世論と安倍首相の教育観,という二様の追い風を背に,道徳の「教科」化作業は急ピッチで進行していく。第2次安倍政権（2012年12月発足）が設けた教育再生実行会議は,第1次提言で,「子どもが……他者への思いやり,規範意識,自主性や責任感などの人間性・社会性を育むよう,国は道徳教育を充実する……（道徳の―筆者注）特性を踏まえた新たな枠組みにより教科化し,……効果的な指導方法を明確化する」とする方針を打ちだす（2013年2月）。同方針具体化のための検討組織が,「道徳教育の充実に関する懇談会」（以下,充実懇）である。道徳教育関係者を中心に―ただし法学専門家は一人も加わっていない―組織された「充実懇」は都合10回の会議を開き,2013年12月,「今後の道徳教育の改善・充実方策について」と題する報告書をとりまとめた。安倍首相・道徳教育関係者らが宿願としていた道徳の「教科」化は,第1次安倍政権から7年の月日を費やし,ここに確定した。

　筆者個人としては,安倍首相の抱懐する教育観の当否を性急に判断しようとは思わない。問題としたいのは,児童生徒が体得すべき価値観の教示・伝達において,反憲法的―反立憲主義的―な価値観の選択がなされてはならないということである。選択される価値観だけではない。価値観の教授手法も問題とな

る。以下，これらの諸点について述べてゆく。

　反憲法的価値とは，どのような価値をいうのか。反憲法的価値を数え上げれば枚挙にいとまがないが，憲法的価値とは明らかに相容れない価値として，たとえば専制主義，軍国主義，差別主義，テロリズムなどをあげえよう。他面，進歩的論者からの批判を浴びせられることもある，改正教基法2条各号に定める秩序（規範）意識，愛郷心・祖国愛，公共の精神といった諸価値は，憲法的価値との矛盾が明白であるとはいい切れず，学習指導要領を媒介に，その教示は教員の責務ということになる。だが，そうした場合でも，児童生徒の的確な現状把握が大前提となるのはいうまでもない。本章第2節（3）で考察したように，現代青少年の凶悪化が昂進しているであるとか，少年犯罪の発生率が上昇の一途をたどっている，などの客観的根拠の薄弱な先入観や憶測をもとに道徳教育が推進されることがあってはならない。

　憲法価値とは矛盾しない価値の，教示を超えた域の働きかけ＝「強要」があった場合も，憲法19条（思想・信条の自由）との振り合いで問題が生じる。ここで筆者なりに，「教示」と「強要」の線引きをしておきたい。「教示」とは，教示内容にたいする児童生徒の反発・不服従を最終的には許容する概念である。対して「強要」は，教示された内容への反発・不服従に不利益を課すことを事前に告知し，または教示後に反発等などがあった場合，実際に不利益を課す概念である。不利益は，ふたつの態様に大別される。差別的対応と懲罰的対応である。仮定の例により，順に示してみよう。

　東日本大震災を素材に，「絆」の意義を発表させる授業において，「絆よりも大事なのは金銭。絆はお金で買える」旨の論旨を開陳した児童生徒へ，「君は，他の友だちと比べ道徳心が足りないね」「貴方の考え方は，クラスの中で最低です」と詰ったり，断定したりすることは，差別的対応に該当する。児童生徒の道徳心につき，1，2，3の数値などによる段階的評価を下すことも他者との優劣関係を表象する差別的対応の範疇に入ろう。なお，文科省は，「教科」道徳の施行にあたり，評価は数値ではなく記述式とする旨の通知を発出している。

　懲罰的な対応例としては，授業で「祖国愛」の意義について取り上げ，児童

第5節　現代公教育政策の課題　173

生徒各々に感想を書かせた際，「日本を好きになれない。他国を侵略した例があるからです」と書き表した者に，「この部分は問題だね。先生が与えた課題を放課後に仕上げ，何が問題であったか考えなさい」とするような特別な「負担」の賦課行為がある。

　不利益の有無が前提とされない教示であっても，教示内容・程度によっては限界もある。児童生徒──わけても公立学校の──は，基本的に「囚われの聴衆（captive audience）」だからである。憲法価値を直接反映する諸価値（例：個人の尊重，暴力・不合理な差別の否定，国民主権）以外の特定価値──たとえば歴史上の人物の事績や特定の家族形態──への一方的・継続的な支持・賛美は，教育現場における価値多様性確保の点で問題があり容認されるべきではないだろう。

参考文献
加藤節『ジョン・ロック──神と人間の間』岩波書店，2018 年
日本教師教育学会編『どうなる日本の教員養成』学文社，2017 年
池田哲之「公教育における『教科』道徳の位相──『教科』道徳の憲法的限界性」『鹿児島女子短期大学紀要』第 51 号，2016 年
池田哲之「少年観の変容と改正教育基本法」『社会と人文』第 13 号，社会人文学会，2016 年
坂田仰・山田知代『学校を取り巻く法規・制度の最新動向』教育開発研究所，2016 年
貝塚茂樹「なぜ道徳の『教科化』が必要なのか」『道徳の時代がきた！』教育出版，2013 年
西修『日本国憲法の誕生』河出書房新社，2012 年
苫野一徳『どのような教育が「よい」教育か』講談社，2011 年
広田照幸・伊藤茂樹『教育問題はなぜまちがって語られるのか？』日本図書センター，2010 年
浜井浩一・芹沢一也『犯罪不安社会──誰もが「不審者」？』光文社，2010 年
佐々木幸寿『改正教育基本法──制定過程と政府解釈の論点』日本文教出版，2009 年
市川昭午『教育基本法改正論争史』教育開発研究所，2009 年
池田哲之「地教行法の改正と学校現場──改正地教行法における文部科学大臣への是正・指示命令権の付与をめぐって」『鹿児島女子短期大学紀要』第 44 号，2009 年
平原春好「改正学校教育法──改正の経緯，概要，課題」『季刊教育法』157，エイデル研究所，2008 年
佐久間亜紀「なぜ，いま教員免許更新制なのか」『世界』2 月号，岩波書店，2007 年
田沼朗「教育基本法の改正と日本の教育のゆくえ」『東洋文化研究所報』(8)，身延山大学東洋文化研究所，2004 年
河上亮一『教育改革国民会議で何が論じられたか』草思社，2000 年
中村清『公教育の原理──教育基本法の基本理念』東洋館出版，2000 年
鈴木英一・平原春好編『資料 教育基本法 50 年史』勁草書房，1998 年
内田健三『臨教審の軌跡』第一法規，1987 年
木田宏監修『証言 戦後の文教政策』第一法規，1987 年
杉原誠四郎・高橋史朗編『臨教審と教育基本法──臨教審のゆくえと日教組の混迷』至文堂，1986 年

日本教育史年表

701（大宝元）年	大宝令施行
828（天長5）年	空海，「綜芸種智院」開設
1246～76 年	北条実時，金沢文庫開設
1432～1439 年	上杉実憲，足利学校再興
1675（延宝3）年	岡山藩，「閑谷学校」創設
1790（寛政2）年	寛政異学の禁
1797（寛政9）年	昌平坂学問所が幕府直轄の学問所となる
1817（文化14）年	広瀬淡窓，「咸宜園」開設
1838（天保9）年	緒方洪庵，「適塾」開設
1856（安政3）年	幕府，「蕃書調所」開設／吉田松陰，講義開始（「松下村塾」の起源）
1868（明治元）年	福沢諭吉，「慶應義塾」開設
1870（明治3）年	大教宣布の詔を発布／「大学規則」「中小学規則」
1871（明治4）年	文部省創設
1872（明治5）年	「学事奨励に関する被仰出書（学制序文あるいは学制布告書）」公布／「学制」頒布
1873（明治6）年	文部省最高顧問としてデビット・モルレー来日
1877（明治10）年	東京大学設置（東京開成学校と東京医学校を合併）
1879（明治12）年	「教学大旨」提示／「学制」が廃止されて，新たに「教育令」公布
1880（明治13）年	「教育令」改正，公布（教育に対する国家統制のはじまり）
1882（明治15）年	『幼学綱要』下賜
1885（明治18）年	「教育令」改正，公布／内閣制度が実施されて，森有礼が初代文部大臣に就任
1886（明治19）年	「教育令」が廃止されて，勅令主義による「帝国大学令」「師範学校令」「小学校令」「中学校令」「諸学校通則」公布
1889（明治22）年	大日本帝国憲法発布
1890（明治23）年	「小学校令」公布／「教育ニ関スル勅語」渙発
1891（明治24）年	内村鑑三の不敬事件起きる
1893（明治26）年	井上毅文部大臣，「実業補習学校規程」制定
1894（明治27）年	「高等学校令」公布
1896（明治29）年	高等教育会議設置（教育政策全般に関する最初の文部大臣諮詢機関）
1899（明治32）年	「中学校令」改正／「実業学校令」「高等女学校令」「私立学校令」公布
1900（明治33）年	「小学校令」改正（義務教育4年制確立）／「市町村立小学校教育費国庫補助法」公布（授業料無料）
1903（明治36）年	「専門学校令」公布／「小学校令」改正（国定教科書制度発足，実施は翌年）
1907（明治40）年	「小学校令」改正（義務教育年限6年に延長）
1914（大正3）年	京都大学，沢柳事件
1917（大正6）年	臨時教育会議設置
1918（大正7）年	「市町村義務教育費国庫負担法」公布／「大学令」・「高等学校令」公布
1920（大正9）年	大学令により慶應義塾大学・早稲田大学設立認可（のちに明治・法政・中央・日本等6大学設立認可）
1921（大正10）年	八大教育主張講演会開催
1923（大正12）年	「盲学校及聾唖学校令」公布
1924（大正13）年	文政審議会設置／川井訓導事件
1925（大正14）年	「陸軍現役将校学校配属令」公布
1926（大正15）年	「青年訓練所令」公布／「幼稚園令」公布
1932（昭和7）年	国民精神文化研究所設置
1933（昭和8）年	長野県教員赤化事件／京都大学滝川事件起こる
1934（昭和9）年	文部省，学生部を拡充して思想局設置
1935（昭和10）年	「青年学校令」公布
1937（昭和12）年	文部省，『国体ノ本義』刊行／文教審議会設置（その後，新たに「教育審議会」設置）／文部省，思想局を拡充し，教学局を設置

175

1938（昭和13）年	文部省，集団勤労作業運動に関する通牒
1939（昭和14）年	「青少年学徒ニ賜リタル勅語」下賜
1941（昭和16）年	**「国民学校令」公布**／文部省，『臣民の道』発刊
1943（昭和18）年	「在学徴集延期臨時特例」公布（**学徒出陣実施**）／神宮外苑競技場にて出陣学徒壮行大会
1944（昭和19）年	**学童集団疎開決定**／「学徒勤労令」公布
1945（昭和20）年	文部省「新日本建設ノ教育方針」発表／GHQ（連合国軍最高司令官総司令部）「日本教育制度ニ対スル管理政策」指令
1946（昭和21）年	**第一次米国対日教育使節団来日／教育刷新委員会設置**
1947（昭和22）年	文部省，『**学習指導要領一般編（試案）**』発行／「**教育基本法**」「**学校教育法**」公布／新制小学校・中学校発足／日本教職員組合（日教組）結成
1948（昭和23）年	新制高等学校発足／「盲学校・聾学校の就学義務・設置義務に関する政令」公布／衆参両院「教育勅語」「軍人勅諭」「戊辰詔書」「青少年学徒ニ賜リタル勅語」の排除，失効確認に関する決議／「**教育委員会法**」公布
1949（昭和24）年	大学設置委員会，新制大学94校を決定答申／「国立学校設置法」「文部省設置法」「教育職員免許法」公布
1950（昭和25）年	**第二次米国対日教育使節団来日**
1951（昭和26）年	無着成恭編，『山びこ学校』刊行／文部省，「学習指導要領一般編（試案）」改訂版発行
1952（昭和27）年	**中央教育審議会設置**（教育刷新審議会廃止）／日教組，「教師の倫理綱領」制定／「日本父母と先生全国協議会」（日本PTA）結成大会
1954（昭和29）年	「義務教育諸学校における教育の政治的中立の確保に関する臨時措置法」「教育公務員特例法一部改正法」（**教育二法**）公布
1955（昭和30）年	文部省，「高等学校学習指導要領（一般編）」刊行
1956（昭和31）年	文部省，「幼稚園教育要領」刊行
1958（昭和33）年	文部省，「小・中学校の『道徳』の実施要領」通達／文部省，「小学校学習指導要領」「中学校学習指導要領」告示
1959（昭和34）年	国連総会，「児童の権利宣言」採択
1960（昭和35）年	文部省，「高等学校学習指導要領」告示
1961（昭和36）年	文部省，**全国一斉学力テスト実施**
1963（昭和38）年	経済審議会，「経済発展における人的能力開発の課題と対策」答申
1966（昭和41）年	中教審，「後期中等教育の拡充整備について」（「期待される人間像」を付記）を答申
1968（昭和43）年	文部省，「小学校学習指導要領」改正，告示（**各教科，道徳，特別活動の3領域編成**）
1969（昭和44）年	東京大学大講堂占拠の学生を警察機動隊により排除／文部省，「中学校学習指導要領」改正，告示
1970（昭和45）年	文部省，「高等学校学習指導要領」改正，告示
1971（昭和46）年	中教審，「今後における学校教育の総合的な拡充整備のための基本的施策について」を答申（いわゆる「**四六答申**」）
1974（昭和49）年	「学校教育の水準の維持向上のための義務教育諸学校の教員職員の人材確保に関する特別措置法」公布（いわゆる「人材確保法」）
1976（昭和51）年	最高裁大法廷，学力テスト裁判判決
1977（昭和52）年	文部省，「小学校学習指導要領」「中学校学習指導要領」改正，告示（**ゆとりある学校生活の実現**）
1978（昭和53）年	文部省，「高等学校学習領」改正，告示
1979（昭和54）年	初めての**大学入試共通第一次学力試験実施**
1984（昭和59）年	首相の諮問機関として**臨時教育審議会設置**（以後，4次にわたる答申）
1988（昭和63）年	「教育職員免許法」改正，公布（**専修・1種・2種の3本立て**）
1989（平成元）年	幼稚園，小学校，中学校高等学校，盲学校，聾学校及び養護学校の学習指導要領の全面改訂
1990（平成2）年	初めての**大学入試センター試験実施**／「生涯学習の振興のための施策の推進体制等の整備に関する法律」成立

1992（平成 4 ）年	「学校教育法施行規則」改正，公布（**学校 5 日制による第 2 土曜休日開始**）	
1994（平成 6 ）年	「児童の権利に関する条約」国会で批准	
1998（平成10）年	文部省，「小学校学習指導要領」「中学校学習指導要領」「幼稚園教育要領」改正，告示	
1999（平成11）年	文部省，「高等学校学習指導要領」「盲・聾・養護学校学習指導要領」改訂告示	
2000（平成12）年	教育改革国民会議「教育を変える17の提案」最終報告（奉仕活動，教育基本法の見直し）	
2001（平成13）年	文部科学省発足／文科省，第 1 回教育改革推進本部会議開催（「21世紀教育新生プラン」～レインボー・プラン～決定）	
2002（平成14）年	**完全学校週 5 日制実施**	
2003（平成15）年	中教審，「新しい時代にふさわしい教育基本法と教育振興基本計画の在り方について」答申／「国立大学法人法」公布／文科省，「小学校学習指導要領」「中学校学習指導要領」「高等学校学習指導要領」の一部改正	
2004（平成16）年	**国立大学法人化**／栄養教諭新設	
2005（平成17）年	「食育基本法」公布	
2006（平成18）年	「義務教育国庫負担法」改正（義務教育費の国の負担割合を 2 分の 1 から 3 分の 1 に引き下げ）／認定こども園制度発足／**新教育基本法**」公布	
2007（平成19）年	中教審，「教育基本法の改正を受けて緊急に必要とされる教育制度の改正について」答申／全国学力・学習状況調査（小・中）実施／**学校教育法**」「**地教行法**」「**教免法及び教特法**」一部改正（**教育改革 3 法公布**）	
2008（平成20）年	教育再生会議最終報告／文科省，「幼稚園教育要領」「小学校学習指導要領」「中学校学習指導要領」改正，告示／教職大学院制度発足／「学校保健安全法」公布／「教育振興基本計画」閣議決定	
2009（平成21）年	文部省，「高等学校学習指導要領」改正，公示／**教員免許状更新講習開始**	
2013（平成25）年	「第二期教育振興基本計画」策定／「いじめ防止対策推進法」公布	
2016（平成28）年	「地方教育行政の組織及び運営に関する法律の一部を改正する法律」公布（教育委員会制度の改革）	
2017（平成29）年	文科省，「幼稚園教育要領」「小学校学習指導要領」「中学校学習指導要領」改正，告示	
2018（平成30）年	文科省，「高等学校学習指導要領」改正，告	

西洋教育史年表

B.C.
- 469　ソクラテス生まれる（399年服毒自殺）
- 436　イソクラテス生まれる（338年没）
- 427　プラトン生まれる（347年没）
- 395　**プラトン『国家』**
- 393　**イソクラテス　修辞学校を設立**
- 387　**プラトン**　英雄アカデモスをまつるアテネ郊外の聖域に**アカデメイアを設立**
- 384　アリストテレス生まれる（322年没）
- 335　**アリストテレス　リュケイオンを設立**
- 284　**アレクサンドリアにムセイオン設立**
- 　4　イエス生まれる（A.D.30年頃十字架刑にて没）

A.D.
- 　35　クインティリアヌス生まれる（95年没）
- 　95　**クインティリアヌス『弁論家の教育』**
- 1170　パリ大学設立（ノートルダム大聖堂附属神学校より昇格，1259年にソルボンヌに神学部がおかれ完成）
- 1517　ルター「九十五ヶ条の論題（意見書）」
- 1519　ルター「結婚生活についての説教」
- 1520　ルター「キリスト教身分の改善についてドイツ国のキリスト教貴族に寄せる」，『キリスト者の自由』

177

1522	**ルター新約聖書を独訳・刊行**
1524	ルター「ドイツ全都市の市参事会員に寄せる――キリスト教の学校を設立し，維持されたい」
1529	ルター『小教理問答』
1530	ルター「子どもを就学させるべきであるということについての説教」
1515	ラトケ『一般言語教授法序説』
1619	ラトケ『百科教授』
1631	コメニウス『開かれた言語の扉』
1632	ラトケ『キリスト教的学校の全体計画』
1633	コメニウス『言語入門手引』
1642	**ゴータ公国「学校方策」**
1649	コメニウス『最新言語教授法』
1656	コメニウス『汎警醒』，『遊戯学校』
1657	**コメニウス『大教授学』**
1658	**コメニウス『世界図絵』**
1689	モンテスキュー生まれる（1755年没）
1690	ロック『政治論』，『人間悟性論』
1693	**ロック『教育論』**
1706	ロック『悟性の指導について』
1712	ルソー生まれる（78年没）
1719	デフォー『ロビンソン・クルーソー』
1724	カント生まれる（1804年没）／バゼドウ生まれる（90年没）
1742	コンドルセ生まれる（94年没）
1744	ザルツマン生まれる（1811年没）
1745	トラップ生まれる（1818年没）
1746	カンペ生まれる（1818年没）／ペスタロッチ生まれる（1827年没）
1748	モンテスキュー『法の精神』
1750	**ルソー『学問芸術論』**
1752	ルソー『村の占い師』（オペラ）
1755	**ルソー『人間不平等起源論』**，『政治経済論』
1761	ルソー『新エロイーズ』
1762	**ルソー『エミール』，『社会契約論』**／フィヒテ生まれる（1814年没）
1763	ルソー『ボーモンへの手紙』／**プロイセン「全国ルター派農村学事通則」制定**
1764	ルソー『山からの手紙』
1765	ルソー『コルシカ憲法草案』／**プロイセン「カトリック地方学事通則」制定**
1767	フンボルト生まれる（1835年没）
1768	バゼドウ『提言』／シュライエルマッハー生まれる（1834年没）
1770	バゼドウ『方法書』／ヘーゲル生まれる（1831年没）
1772	ルソー『ポーランド統治論』
1774	バゼドウ『基礎教科書』，**汎愛学園設立（93年まで）**
1775	シェリング生まれる（1854年没）
1776	**カント　母校ケーニヒスベルク大学にて教育学を講ずる**（87年まで断続的に）／ヘルバルト生まれる（1841年没）
1780	ペスタロッチ『隠者の夕暮』／ザルツマン『蟹の本』／トラップ『教育学試論』
1781	ペスタロッチ『リーンハルトとゲルトルート　第1巻』／カント『純粋理性批判』
1782	ペスタロッチ『スイス週報』／フレーベル生まれる（1852年没）
1783	ペスタロッチ『立法と嬰児殺し』
1784	**カント『啓蒙とは何か』**／ザルツマン　シュネッペンタールに学校設立
1785	**カンペ『アルゲマイネ・レヴィジオン』**
1788	カント『実践理性批判』
1789	フランス大革命
1790	**コンドルセ『公教育に関する五つの覚書』**／カント『判断力批判』／ディースターヴェーク生まれる（1866

	年没）
1792	フィヒテ『一切の天啓の批判の試み』／フンボルト『国家権能限定論』
1793	ペスタロッチ『然りか否か』／カント『単なる理性の限界内における宗教』
1794	フィヒテ『全知識学の基礎』／コンドルセ『人間精神進歩史』
1795	カント『永遠平和のために』／ヘーゲル『イエスの生涯』
1796	マン（Horace）生まれる（1859年没）
1797	**ペスタロッチ『探求』**／カント『道徳の形而上学』
1798	**カント『諸学部の争い』,『実用的見地における人間学』／ペスタロッチ　シュタンツに孤児院を開設**／コント生まれる（1857年没）
1799	**ペスタロッチ『シュタンツ便り』**／フィヒテ『人間の使命』／シュライエルマッハー『宗教論』
1800	**ペスタロッチ『メトーデ』**／フィヒテ『封鎖商業国家論』／シュライエルマッハー『独白録』
1801	**ペスタロッチ『ゲルトルート児童教育法』**
1803	**ペスタロッチ『直観のABC』／カント『教育学講義』**／シェリング『大学の研究方法に関する講義』
1804	**ヘルバルト『世界の美的表現』**
1806	**フィヒテ『学者の本質』,『現代の根本特徴』／ヘルバルト『一般教育学』**／ザルツマン『蟻の本』
1807	**フィヒテ『ベルリンに設立予定の科学アカデミーと密接に結び付いた高等教育施設』,『ドイツ国民に告ぐ』（08年までの連続講演）**／ヘーゲル『精神現象学』
1808	**シュライエルマッハー『大学論』／ヘーゲル　ニュルンベルクのギムナジウム校長就任（16年まで）**
1812	ヘーゲル『論理学（全3巻）』（完成は16年）
1814	シュトイ生まれる（85年没）
1816	ヘーゲル『哲学的諸学問のエンチクロペティー』／ツィラー生まれる（82年没）
1820	**フレーベル『カイルハウ小論文集』**
1821	ヘーゲル『法の哲学』
1826	**フレーベル『人間の教育』／ペスタロッチ『白鳥の歌』,『わが生涯の運命』／シュライエルマッハー『教育学講義』**
1827	**ディースターヴェーク『ライン教育時報』創刊**
1830	コント『実証哲学講義』（完成は42年）
1832	ディルタイ生まれる（1911年没）
1835	**ヘルバルト『教育学講義綱要』／ディースターヴェーク『教職教養指針』**
1836	ディースターヴェーク『文明の死活問題』（完成は38年）
1837	マサチューセッツ州にて教育委員会発足（初代教育長にホレース・マン就任）⇒52年に注意
1839	ヴィルマン生まれる（1920年没）
1840	**フレーベル　世界で初めて幼稚園を創設**
1847	ライン生まれる（1929年没）
1849	ケイ生まれる（1926年没）
1851	**プロイセン「幼稚園禁止令」公布（60年まで）**
1852	マサチューセッツ州　就学義務規定成立⇒37年に注意
1854	ナトルプ生まれる（1924年没）／ケルシェンシュタイナー生まれる（1932年没）
1855	**シュトイ『家庭教育』**／テンニース生まれる（1936年没）
1856	**アメリカで初めての幼稚園が設立される（ただしドイツ語を使用）**
1858	デュルケーム生まれる（1917年没）／レディ生まれる（1932年没）
1859	デューイ生まれる（1952年没）
1860	**アメリカ　ピーボディー　英語使用の幼稚園を設立**
1862	**ツィラー　教育学ゼミナールを開設**
1863	リッケルト生まれる（1936年没）
1864	ヴェーバー生まれる（1920年没）
1865	**ツィラー『教育的教授の基礎』**
1868	リーツ生まれる（1919年没）
1869	**ツィラー　科学的教育協会を設立**
1870	モンテッソーリ生まれる（1952年没）／ゲヘーブ生まれる（1961年没）
1871	**ドイツ帝国成立／ドイツ教員組合結成**

1876	**ツィラー『一般教育学講義』**
1873	フリッシュアイゼン・ケーラー生まれる（1923年没）
1874	ノール生まれる（1960年没）
1880	リット生まれる（1962年没）
1882	**ヴィルマン『陶冶論としての教授学』**／クリーク生まれる（1947年没）／シュプランガー生まれる（1963年没）
1883	ディルタイ『精神科学序説』／ヤスパース生まれる（1969年没）
1884	ペーターゼン生まれる（1952年没）
1887	テンニース『ゲマインシャフトとゲゼルシャフト』
1888	**ディルタイ『普遍妥当的な教育科学の可能性について』**
1889	ドイツ　学校改革連盟，統一学校連盟結成／レディ　アボッツホルムの学校を設立
1892	リッケルト『認識の対象』
1893	デュルケーム『社会分業論』
1895	デュルケーム『社会学的方法の規準』
1896	**デューイ　シカゴ大学に実験学校を設立**
1898	ヴィルマン『学問としての教育学の成立』／ナトルプ『プラトンの国家と社会的教育学の理念』／リーツ　田園教育舎設立
1899	リッケルト『文化科学と自然科学』／**ナトルプ『社会的教育学』**，『ヘルバルト・ペスタロッチと教育論の今日的諸課題』／デューイ『学校と社会』／ドモラン　ロッシュの学校設立
1900	ヴィルマン『国民学校と社会問題』，『青少年陶冶の基盤としてのキリスト教的民族性』／ケイ『児童の世紀』
1901	ケルシェンシュタイナー『ドイツ青少年の公民教育』
1902	**ライン『体系的教育学』**
1903	ナトルプ『プラトンの観念論』，『哲学入門』／**ライン『教育学事典（全10巻）』（完成は11年）**／ボルノウ生まれる（91年没）
1904	**ヴェーバー『プロテスタンディズムの倫理と資本主義の精神』**，『社会科学と社会政策に関わる認識の「客観性」』
1905	**フランス「政教分離法」成立**
1907	**ナトルプ『社会的教育学に関する論文集』**／**ライン『系統的教育学』**／ケルシェンシュタイナー『学校組織の根本問題』／フリッシュアイゼン・ケーラー『現代の哲学』／モンテッソーリ　ローマに「児童（子ども）の家」を設立
1908	ケルシェンシュタイナー『ペスタロッチの精神から見た未来の学校』／ドイツ　学校改革同盟結成（この頃全ドイツの大都市に実験学校が設立される）
1909	ヴィルマン『教育学者および教授学者としてのアリストテレス』／ナトルプ『哲学と教育学』／モンテッソーリ『『児童の家』の幼児教育に適用された科学的教育学の方法』
1910	ナトルプ『厳密諸科学の論理的基盤』／ケルシェンシュタイナー『公民教育の概念』／デューイ『思考論』／ゲヘープ　オーデンヴァルト学園を設立
1911	**ナトルプ『民族の文化と個人の文化』**／ディルタイ『形而上学体系における世界観の諸類型とその形成』
1912	**ケルシェンシュタイナー『労作学校の概念』**，『性格概念と性格教育』／フリッシュアイゼン・ケーラー『科学と現実』，『現実の諸問題』／デュルケーム『宗教生活の原初形態』
1913	フリッシュアイゼン・ケーラー『18世紀終盤までの近代の哲学』／ヴェーバー『理解社会学のカテゴリー』
1914	ケルシェンシュタイナー『自然科学的教授の本質と価値』
1915	**デューイ『明日の学校』**
1916	シュプランガー『ドイツ教育政策二十五年史』／**デューイ『民主主義と教育』**
1917	ケルシェンシュタイナー『陶冶過程の根本公理』／ガウディヒ『人格の発達に努める学校』／**リット『歴史と生命』**／フリッシュアイゼン・ケーラー『哲学と教育学』
1918	ナトルプ『ドイツの世界的使命』／フリッシュアイゼン・ケーラー『実験的方法の限界』
1919	ナトルプ『ペスタロッチの観念論』／リット『個人と共同体』／シュプランガー『文化と教育』／ヴェーバー「職業としての学問」ならびに「職業としての政治」を講ずる
1920	**ナトルプ『社会理想主義』**
1921	**シュプランガー『生の諸形式』**／フリッシュアイゼン・ケーラー『陶冶と世界観』，『教育学理論概説』

1922	ガウディヒ『自由な精神的学校労作』／パークハースト『ドルトン・プランによる教育』／クリーク『教育の哲学』／デュルケーム『教育と社会学』／デューイ『人間性と行為』
1923	リット『認識と生命』,『現代の哲学と陶冶理念へのその影響』／ガウディヒ『人格の理想と教育学にとってのその意味』／デュルケーム『道徳教育論』
1924	シュプランガー『青年期の心理学』／リット『公民教育の哲学的基礎』／ペーターゼン『一般教育科学』
1925	ナトルプ『実践哲学講義』／クリーク『人間形成論』／デューイ『経験と自然』／テネシー州「進化論禁止法」成立
1926	ケルシェンシュタイナー『陶冶の理論』／シュプランガー『文化循環理論と文化没落の問題』／リット『教育学の可能性と限界』,『近代の倫理学』
1927	クリーク『文化諸民族の陶冶体系』,『教育科学綱要』,ペーターゼン『自由一般民衆学校のイエナ・プラン』／ノール『性格と運命』
1928	シュプランガー『歴史哲学的に見た現代ドイツの陶冶理想』／リット『学問と世界観』／ペーターゼン『教育学的性格学の根本問題』
1929	シュプランガー『精神科学における無前提性の意味』／デューイ『確実性の探求』
1930	リット『精神世界の説明者としてのカントとヘルダー』／クリーク『教育哲学』
1931	ペーターゼン『教育学の起源』
1932	シュプランガー『民族・国家・教育』
1933	リット『哲学入門』
1934	デューイ『経験としての芸術』
1935	ノール『ドイツにおける教育運動とその理論』,『哲学入門』,『美的現実』
1937	ペーターゼン『現代の教育学』
1938	デュルケーム『フランス教育思想史』／ヤスパース『実存哲学』／デューイ『経験と教育』
1939	デューイ『論理学 探求の理論』
1943	ボルノウ『実存哲学』
1946	ノール『シラー――人物と著作』
1948	リット『人間と世界』／デューイ『知るものと知られるもの』／西ドイツ 連邦常設文部大臣会議設立／国際連合「世界人権宣言」採択
1949	シュプランガー『ドイツ民衆学校の歴史』／ノール『ここ三十年来の教育』
1950	シュプランガー『教育学的展望』
1952	ヤスパース『大学の理念』／ボルノウ『ドイツロマン主義の教育学』
1953	シュプランガー『現代の文化問題』／リット『ヘーゲル』
1954	リット『ドイツ国民の政治的自己教育』／ペーターゼン『教育現実の中の人間』／アメリカ 公立学校での人種隔離政策に最高裁違憲判決
1955	リット『ドイツ古典期の陶冶理想と現代の労働世界』／シュプランガー『小学校の固有の精神』
1957	リット『技術的思考と人間陶冶』
1959	ボルノウ『実存哲学と教育学』／国際連合「子どもの権利宣言」
1964	ボルノウ『教育的雰囲気』
1966	リット『自然科学と人間陶冶』／ボルノウ『言語と教育』
1967	シュプランガー『ゲーテ――その精神世界』

参考文献

稲富栄次郎監修（1962）『教育人名辞典』理想社／長尾十三二（1984）『西洋教育史（第五版）』東京大学出版会／青木　一他編著（1988）『現代教育学事典』労働旬報社／岩崎次男他編（1993）『西洋教育思想史』明治図書／教育思想史学会編（2000）『教育思想事典』勁草書房／山崎英則他編著（2001）『西洋教育史』ミネルヴァ書房

教育関連法令等

　本書での学びを深めるために，下記の教育関連諸法令および学習指導要領を調べる際には，以下に示す手順でインターネットから検索することができます。

■教育関連法令について

＊日本国憲法
＊教育基本法
＊学校教育法
＊学校教育法施行令
＊学校教育法施行規則
＊私立学校法
＊教育公務員特例法
＊地方公務員法
＊地方教育行政の組織及び運営に関する法律

＊教育職員免許法
＊公立の義務教育諸学校等の教育職員の給与等に関する特別措置法
＊義務教育費国庫負担法
＊学校保健安全法
＊いじめ防止対策推進法
＊児童虐待防止に関する法律
＊特別支援学校への就学奨励に関する法律
＊義務教育の段階における普通教育に相当する教育の機会の確保等に関する法律
＊少年法

「総務省 e-Gov 法令検索」をキーワード検索➡「e-Gov 法令検索」をクリック
➡①「法令索引検索」の欄の「法令名の用語索引」に上記の法令名を入力，あるいは
➡②「事項別」をクリック➡「教育」の項をクリック➡法令名を検索

■「学習指導要領」について

＊**新学習指導要領**（平成 29 年改訂［小・中学校］，平成 30 年改訂［高等学校］）

「学習指導要領」をキーワード検索
➡「新学習指導要領（本文・解説・資料等）：文部科学省」をクリック
➡「学習指導要領等」をクリック➡各学校種の新学習指導要領

＊**旧学習指導要領**

「学習指導要領」をキーワード検索➡「学習指導要領：文部科学省」をクリック
➡平成元年，平成 10・11 年，および平成 20・21 年の各学校種の学習指導要領

（2019 年 1 月末現在の最終閲覧）

おわりに
―刊行にあたって―

　本書の前身である『現代教育本質論』がでてから,早くも15年の歳月が流れた。ありがたいことに,同書は,多くの学生,大学教員によって読み継がれてきたが,このたび『学習指導要領』が改訂されたこと,15年の月日のうちには重要な教育法規の改変もあったこと,また社会情勢も種々さまざまに大きく変化したことを受け,高橋浩教授を中心に,新たな書を世に送ろうということになった。ここに著された書は,その名のとおり,教師もしくは教師になろうとしている方々に向けて書かれたものである。必ずしも学生のみを対象に書かれたものではないため,章や節によってはいささかむずかしく感じられるかもしれない。しかし,本書の魅力を一言でいうなら,総勢8名の執筆者が,教育の本質や教職に必要な知識を自由に書いている,という点に尽きるのではないかと思う。また,それゆえに,本書も『現代教育本質論』同様,幅広いご支持をいただけるものと,執筆者一同,祈念している。

　哲学者・ヤスパース(Jaspers, K.)は,「人間であることは,人間になることである」と述べているが,「人間になること」を可能にするのもまた,人間だけなのである。「近代教育学の父」と呼ばれているヘルバルトは,『一般教育学』において,「教授なき教育」などというものが到底考えられないのと同様に,「教育なき教授」などというものも認められない,と述べている。授業に人間形成的な意義があるとするなら,それは,その授業が教育の本質を問うている教師によって展開されているためなのである。別言するなら,授業に教師の「教育原理」があるがためなのである。教育原理がみえない授業は,せいぜいのところ,知識の単なる詰め込みでしかなく,教育の名に値しない。よい教育は,教育の本質を問うている教師によってのみ可能になるということを,とくにこれから教師をめざそうとしている学生の皆さんには,どうか忘れないでい

ただきたいのである。

　本書は，このような思いを同じくする8名の教育学研究者が，それぞれの分野を分担して執筆した。「教育原理」のテキストは数多くあるが，8名の執筆者は，「教育の本質」を問い，「教師の学び」に少しでも役立つテキストをつくることを心掛けた。本書のタイトルが，前著に引き続き「本質」という言葉を冠しているのも，そのためなのである。

　本書は，ようやく，一応の完成をみるに至った。だが，今後に残された課題や改善されるべき点も数多くあろう。教育基礎学領域の講義をご担当されている先生方，小・中・高校でご活躍の先生方，そしてとりもなおさずこれから教師の道を志そうとしている学生の皆さんからの忌憚のないご意見・ご指導をいただければ，執筆者一同，望外の喜びである。

　末筆になってしまったが，新しい書の必要性を理解され，われわれの執筆を全力でお支えくださった学文社の二村和樹氏に，執筆者一同，心よりお礼を申し上げる次第である。

　いろいろと考えたが，やはり最後は，前著と同じく，カントの箴言（しんげん）をもって終わることとしたい。

　人間は教育によって，はじめて人間となることができます。人間とは，人間によって，教育からつくりだされたものにほかならないのです。ここで注意すべきことは，人間はただ人間によってのみ教育されるということ，しかも，同じように教育された人間によってのみ教育される，ということなのです。

……カント『教育学講義』より

金田　健司

［執筆者紹介］

高橋　　浩	（前横浜商科大学）	［はじめに・第2章第3～4節］
金田　健司	（静岡英和学院大学）	［第1章・西洋教育史年表・おわりに］
森下　　稔	（東京海洋大学）	［第2章第1節］
野浪　俊子	（志學館大学）	［第2章第2節 ①～③］
助川　晃洋	（国士舘大学）	［第2章第2節 ④］
鈴木　悠太	（東京工業大学）	［第3章］
池田　哲之	（鹿児島女子短期大学）	［第4章］
林　　直美	（上野学園大学短期大学部）	［日本教育史年表］

（執筆順）

教育の本質と教師の学び

2019年4月3日　第1版第1刷発行
2023年1月30日　第1版第3刷発行

編著者　高橋　　浩
　　　　金田　健司

発行者　田中千津子　〒153-0064　東京都目黒区下目黒3-6-1
　　　　　　　　　　　　　　　　電　話 03（3715）1501 ㈹
　　　　　　　　　　　　　　　　FAX 03（3715）2012

発行所　株式会社 学文社　https://www.gakubunsha.com

Ⓒ Hiroshi TAKAHASHI／Kenji KANEDA　2019

印刷　倉敷印刷㈱

乱丁・落丁の場合は本社でお取替えします。
定価はカバーに表示。

ISBN 978-4-7620-2852-6